项目来源:2017 年教育部高教司新道公司产学合作协同育人项目
项目名称:营销专业基于岗位胜任能力模型的校企专业共建探索(201702038100)
2017 年市场营销教学改革创新团队成果之一
2019 年度校本实践教材编写资助项目

VBSE 营销综合实训

主　编　张继梅　李　明　赵　艳

哈爾濱工程大學出版社
Harbin Engineering University Press

内容简介

本教材运用VBSE营销综合实训系统，通过对真实商业社会环境中典型单位、部门和岗位的系统模拟，贯通甲方企业采购和乙方供应商销售全流程。实训采用销售案例实战对抗形式，参训学生在实训中分别担任甲乙双方各种采购、销售角色，并且由多家乙方销售公司共同参与单一项目型采购，在相互竞争中，甲乙双方完成B2B复杂销售流程和典型任务。学生通过模拟企业真实B2B复杂销售流程和完成典型任务，掌握市场推广、挖掘商机、激发客户兴趣、销售沟通、招投标流程及技巧；培养独立拜访客户、完成B2B复杂销售的能力。让学生在参训过程中，既可体会完整的职业工作过程，又可培养学生岗位胜任能力，实现"把企业搬进校园"的项目建设和教学理念。

本教材可供市场营销、工商管理、经济管理、电子商务、物流管理、网络营销、国际贸易、金融保险等相关专业本科、高职高专学生使用，也可作为企业培训教材。

图书在版编目(CIP)数据

VBSE营销综合实训 / 张继梅，李明，赵艳主编. —
哈尔滨：哈尔滨工程大学出版社，2020.11
ISBN 978-7-5661-2868-3

Ⅰ. ①V… Ⅱ. ①张… ②李… ③赵… Ⅲ. ①企业管理-市场营销学-应用软件 Ⅳ. ①F274-39

中国版本图书馆CIP数据核字(2020)第220894号

选题策划 夏飞洋
责任编辑 张 曦 刘海霞
封面设计 李海波

出版发行 哈尔滨工程大学出版社
社　　址 哈尔滨市南岗区南通大街145号
邮政编码 150001
发行电话 0451-82519328
传　　真 0451-82519699
经　　销 新华书店
印　　刷 哈尔滨市石桥印务有限公司
开　　本 787 mm×1 092 mm 1/16
印　　张 11.25
字　　数 288千字
版　　次 2020年11月第1版
印　　次 2020年11月第1次印刷
定　　价 30.00元
http://www.hrbeupress.com
E-mail:heupress@hrbeu.edu.cn

前　言

当今市场竞争日益激烈，营销环境越来越复杂，特别是大客户营销，产品本身差异越来越小，买方客户越来越成熟，客户需求越来越复杂化和个性化，客户内部管理制度和采购流程越来越标准、复杂，传统的营销方式和营销手段已很难适应如此复杂的环境，如何靠专业化销售赢得客户的长期战略合作，培养岗位胜任能力的营销人才成为人才培养的困惑和挑战。

本教材是为满足我国市场经济发展需要，培养能够系统运用理论知识、有较强营销岗位胜任能力的营销人才，既满足经济管理类专业和市场营销专业对实践实训教材的需要，又满足企业营销人才培养的要求所编写的。

本教材贯通甲方企业采购和乙方供应商销售全流程，实训采用销售案例实战对抗形式，参训学生在实训中分别担任甲乙双方各种采购、销售角色，包括甲方采购企业方的总经理、采购经理、信息经理、销售经理、生产经理、财务经理、企业管理经理等，乙方销售公司方的营销总监、销售经理、客户经理、售前经理、咨询顾问等，并且由多家乙方销售公司共同参与单一项目型采购，在相互竞争中，完成针对甲方企业项目的销售过程。

本教材运用 VBSE 营销综合实训系统，通过对真实商业社会环境中典型单位、部门和岗位的系统模拟，使甲乙双方完成 B2B 复杂销售流程和典型任务。学生通过模拟企业真实 B2B 复杂销售流程和完成典型任务，掌握市场推广、挖掘商机、激发客户兴趣、销售沟通、招投标流程及技巧；培养独立拜访客户、完成 B2B 复杂销售的能力。让学生在学习过程中，既可体会完整的职业工作过程，又可培养学生岗位胜任能力，实现"把企业搬进校园"的项目建设和教学理念。

1. 培养学生岗位胜任能力

在 VBSE 营销综合实训教学过程中，运用市场营销基本知识，使学生理解客户导向、客户经营、以客户为中心的营销理念，掌握客户的采购、决策流程，了解客户管理基本操作实务，掌握市场推广、挖掘商机、激发客户兴趣、商务谈判、项目推进的方法及技巧；熟悉商务基本礼仪、着装及有效沟通技巧；强化学生创新意识、培养学生创新能力。通过模拟企业真实销售流程，能够培养学生独立拜访客户、完成一定规模销售订单的能力，能够提升学生的营销策划、营销管理、营销服务等岗位能力。

2. 强化学生创新意识、培养学生创新能力

VBSE 营销综合实训平台模拟企业的市场营销活动，通过团队组建、角色分工和角色体验进行真实营销业务模拟，并将市场分析、定位、渠道、价格、销售、竞争、交付、服务、销售管理等典型职业任务和相关知识融入其中，使学生在真实营销业务中体验到营销的奥秘与乐趣，感受营销知识和内容的同时，深入思考、反思与感悟，以建构自己的销售知识与技能体系，从而强化学生创新意识、培养学生创新能力。

本教材由绥化学院张继梅、李明、赵艳担任主编。张继梅负责拟定大纲、组织协调和总撰定稿，编写甲乙双方共同任务和乙方任务的乙方销售准备；李明编写甲方任务和全部任

务的参考示例;赵艳编写除乙方销售准备以外的乙方任务。

本教材编写过程中参考了新道科技有限公司 VBSE 营销综合实训系统的有关资料、课件、案例、销售情景,以及国内外许多市场营销学方面的书籍、期刊等资料,特向有关单位和个人表示感谢。

由于编者水平有限,教材中存在有待商榷和不妥之处,敬请广大读者批评指正,以便进一步修改与完善。

编　者

2020 年 6 月

目　录

第1章 甲乙双方共同任务

1.1 职业认知

[任务说明]

职业认知简单来说就是对职业、职员和团体的认识。对销售职业人员来说,职业认知是指销售新人刚进入一家公司和行业市场,处于销售职业的入门期,需要了解什么是营销职业,都有哪些工作和任务,需要掌握哪些基础知识与技能,具备什么样的职业素质与行为标准。

[在销售实践中的应用]

一般企业都会对销售新人进行入职培训,主要内容包括了解所在公司和行业、公司主营业务和产品、所在行业的营销与销售的特征、销售人员需要具备的职业素养和从业伦理规范,在此过程中,帮助销售新人找到自己的职业及人生定位,规划好自己的职业发展路径,从而更好地塑造自己的能力,并为公司服务。

切忌盲目入行或跳槽,源于梦想、谨慎分析、精准定位,制订职业规划和学习成长计划,有针对性地进行知识学习与储备、锻炼技能、塑造职业素质。成长最快的方法是寻找身边比自己强的人,观察他、模仿他、思考他、超越他。

[该任务的学习目标]

<table>
<tr><th rowspan="2">职业认知的学习目标</th><th colspan="2">所含典型任务</th><th rowspan="2">课时/分钟</th></tr>
<tr><th>任务号</th><th>典型任务名称</th></tr>
<tr><td rowspan="5">1. 识别高绩效团队特征、营销与销售的关系,以及什么是复杂销售。
2. 应用对营销职业的认识拟订职业生涯发展规划。
3. 理解所在公司和行业知识对销售人员在实践中的重要性,掌握学习公司知识和行业知识的方法</td><td>一</td><td>团队组建</td><td>70</td></tr>
<tr><td>二</td><td>认知所在公司</td><td>55</td></tr>
<tr><td>三</td><td>认知所在行业</td><td>55</td></tr>
<tr><td>四</td><td>认知营销与销售</td><td>100</td></tr>
<tr><td>五</td><td>认知销售职业</td><td>65</td></tr>
</table>

1.1.1 典型任务一 团队组建

[典型任务说明]

本大项目销售实训方案按照一个甲方和多个乙方分组,进行相应角色演练。在学习开始前，需要选定好甲乙双方，做相应甲乙双方真实关键岗位人员的职能分工，并在后续的学习任务中，承担相应的职责，形成一个有担当、通力合作、有执行力的高效团队。

［在销售实践中的应用］

在集团型企业销售队伍中，会设立不同的产品线事业部，并且每个产品线事业部都会有自己相对独立的营销团队。同时，在复杂销售中，往往会针对一个特定的大客户项目，组建一个专门的销售团队。

1. 设立共同目标

共同目标既是团队的核心文化，又是团队的共同价值观。目标是对愿景的规划，它使团队的成员团结在同一面旗帜下，并从心理上对组织目标产生认同，形成团队文化。

2. 团队设计

团队创建必须面向目标，根据目标对团队进行组织安排。团队设计要考虑能力与目标一致，要根据目标选配不同素质特征、能力的成员进行组合。

3. 合理结构

每个人都希望找到自己合适的位置，一个团队必须让每位成员都能恰如其分地在岗位上发挥自己的作用，让团队成员之间相互配合，发挥最大整体效应与潜能。

4. 明确阶段目标

如果没有明确具体的阶段目标，就无法知道自己应该干什么，也就没有一个衡量工作成就的标准。在整个团队事业经营活动过程中，目标应不断地明确，并且要划分出阶段。

5. 共同奋斗

要使团队为同一目标而共同奋斗，领导者必须能够激起成员的士气，保持较高的士气是实现领导目标的一个必要条件。

［典型任务一团队组建的学习目标］

学习目标		时间/分钟
识别并阐述高效团队的特征，应用组建团队的流程和方法，组建团队		70
情境编号	情境任务	
01	团队组建	

任务情境01　团队组建

一、情境说明

请在此环节组建小组，根据高绩效团队特征，个人意愿、素质和能力进行岗位分工，并行使角色职责，有组织、高效率、高质量地将实训任务推进完成。

二、组建过程

序号	学习步骤	时间/分钟
1	公选组长	5
2	角色分工	10
3	团队设计并呈现	40
老师点评、总结		5
4	角色上岗	10
时间合计		70

步骤 1：公选组长

总经理岗位主要职责及任职要求见表 1－1。

表 1－1　总经理岗位主要职责及任职要求

岗位	主要职责及任职要求
总经理(甲方)	主要职责： 1. 全面主持企业日常生产经营及行政管理工作，实施董事会决议，分解年度指标和经营计划，并将实施情况向董事会报告； 2. 负责其他中高层管理人员的聘任、培训、管理、考核工作； 3. 主持召开经理办公会，协调各部门工作，布置计划实施，发挥各职能部门的作用，针对工作执行过程中的问题提出有效的纠正措施，确保年度经营目标顺利实现； 4. 组织制订和健全公司各项规章制度，积极进行各项改革，推行岗位责任制，不断全面提高公司管理水平； 5. 主持制订公司年度预决算、审批公司重大经费的开支和分配方案； 6. 审批以各职能部门呈报的各类文件、报表
	任职要求： 1. 良好的敬业精神和职业道德操守，有很强的感召力和凝聚力； 2. 较强的判断、决策、计划、创新与执行能力； 3. 良好的沟通、协调、组织和团队建设能力

讨论结果：____

____

____

步骤 2：角色分工

其他岗位主要职责及任职要求见表 1－2。

表1－2　其他岗位主要职责及任职要求

甲方岗位	主要职责及任职要求
企管经理	主要职责： 1. 在总经理的领导下，协助督办各部门战略规划的制订和执行情况，并定时向总经理提交报告； 2. 负责公司级各项规章制度执行、业务流程管理标准化的制订与推行，部门级由部门主管拟定，企管部审核，总经理批准后执行，企管部负责执行过程的督察考核； 3. 协助总经理负责公司对外关系接待，文件汇总、审核、报批； 4. 负责公司其他各项管理工作的监察和督办工作
	任职要求： 1. 具备极强的全局把控能力和实际操作能力，有很强的规划、组织、推动、实施、监控及协调沟通能力； 2. 面对非常棘手的问题，恰当地运用已有的概念、方法、技术等多种手段，分析问题产生的原因，找出最有效的解决办法，在仔细权衡代价和收益的基础上做出某种决策，为了使公司获得较大利益而愿意承担风险； 3. 牢固掌握目标控制、时间分配、人员分配等，以公平的态度运用自身权力，并能采取有效的策略，提高整个团队的士气和工作效率，同时可以不断鞭策大家，确保他人理解并接受领导的使命、目标、政策和工作安排，保证任务的顺利完成
信息经理	主要职责： 1. 负责信息战略、年度计划的制订和贯彻落实，协调各业务部门工作，确保信息化建设有序进行； 2. 负责信息化规划的制订； 3. 负责年度计划的制订和贯彻落实，定期向公司领导汇报信息建设状况； 4. 负责 IT 预算的编制与执行； 5. 负责收集信息新技术，并致力于与业务的应用融合； 6. 负责应用系统的开发与维护
	任职要求： 1. 对信息化管理软件（ERP 软件）有认知，并作为项目经理组织项目实施； 2. 了解信息网络、软硬件技术； 3. 良好的沟通协调能力，具备高度的敬业和团队合作精神
采购经理	主要职责： 1. 负责采购工作，包括询价、比价、签订采购合同、质量验收； 2. 调查、分析和评估采购计划，配合和确保生产部门计划所需的生产资料及时到位，确定需要和采购时机； 3. 完善公司采购制度，制订并优化采购流程，控制采购质量与成本； 4. 对采购人员和供应商进行评估、认证、管理及考核； 5. 对供货及时性和供应商流失负责
	任职要求： 1. 具备良好的部门内和跨部门的组织与协调能力，良好的谈判、人际沟通能力，团队协作能力强； 2. 具备较强的职业道德素质

表1-2(续1)

甲方岗位	主要职责及任职要求
生产经理	主要职责： 1. 协助总经理抓好公司的生产管理和如期保质保量交货，制订新产品开发计划，改善生产工艺，合理调度生产设备，提高生产进度和产品质量； 2. 参与公司高层管理工作会议，对公司重大事项、提出具体的批示意见；对公司生产过程中发生的一切重大事项向总经理反映，并提出意见，对一般性制度化的问题及时做出处理；并对内部控制管理、企业形象管理、公司制度建设、企业文化、管理模式完善、产品品牌打造等方面提出合理化方案和建设性意见； 3. 做好各职能部门之间的业务沟通工作，并协调好他们之间的工作联系和相互关系； 4. 在总经理授权下，代表公司参加相关的社会各项公关活动和重要的谈判，以及处理外部与公司有关的各种事宜； 5. 完成总经理交办的其他各项工作任务
	任职要求： 1. 具有较强的管理控制和指挥驾驭能力，能够在总经理不在时，管理好生产技术工作； 2. 对问题考虑周密、反应敏捷，能够及时发现基层工作中带有倾向性的问题，并及时解决； 3. 有较强的事业心和责任感，勇于开拓进取，并且能够身体力行地带动下属人员共同努力完成各项工作任务； 4. 对工作有自信心，处事果断，时间观念强，办事有序不乱，工作不拖拉，讲究效率； 5. 心理素质好，遇事冷静、理智，能够控制自己的情绪，能够很好地处理工作中的各类突发事件； 6. 品德修养好，能克己奉公，工作不徇私情、不贪私利，为人耿直宽厚，在员工中有较好的威望
财务经理	主要职责： 1. 根据公司运作投资计划、工程进度和物资采购计划，负责制订公司流动资金计划，经执行总经理批准后执行，严格控制计划外资金的使用； 2. 严格执行资金付款的工作程序和管理规定，杜绝不合理费用的支出，对超计划、超定额的支出必须请示执行总经理； 3. 协助执行总经理核查公司流动资金的占用情况，对不合理流动资金的占用提出改进意见，提高流动资金的周转率； 4. 负责及时、正确、完整地编制每月、季、年度报告，搞好决策和效益分析，合理调度资金，负责财务报表的时间性、准确性； 5. 做好资金流动情况保密工作，根据实际发生的经济业务事项组织财务部进行财务核算，实行财务监督
	任职要求： 1. 具备优秀的职业判断能力和丰富的财会项目分析处理经验，具有处理突发事件的能力； 2. 具有良好的职业道德和敬业精神； 3. 具备良好的沟通能力、管理能力、组织协调能力和学习能力

表 1-2(续 2)

甲方岗位	主要职责及任职要求
销售经理	主要职责： 1. 配合公司制订年度市场运营计划并做预算，监督运营过程并及时评估和调整； 2. 负责建立、培训、管理公司销售队伍，规范运作流程，收集和分析市场情况，制订公司销售政策和策略； 3. 负责制订和完善营销管理制度，并逐步建立健全适应市场发展的完整的营销管理体系； 4. 负责与部门协调沟通相关事宜； 5. 负责沟通维护客户关系，深度挖掘客户资源
	任职要求： 1. 具有较强的市场分析、营销、推广能力，丰富的营销网络及销售成本控管经验； 2. 具有丰富的客户资源和客户关系，业绩优秀； 3. 具有良好的人际沟通、谈判能力，分析和解决问题的能力； 4. 工作严谨，坦诚正直，工作计划性强，并具有战略前瞻性思维； 5. 有较强的事业心，具备一定的领导能力

组内成员分工：____

____

____

步骤 3：团队设计并呈现

请组长组织小组成员在讨论中确定小组名称和队徽，小组的目标、任务，小组的学习口号，团队和成员的优势。

小组名称和队徽：____

小组的目标、任务：____

____

____

小组的学习口号(要求积极、健康、体现小组精神)：

____

团队和成员的优势：

____

____

____

步骤 4：角色上岗

学生按照角色分工直接在 VBSE 营销综合实训软件上操作上岗。

1.1.2 典型任务二 认知所在公司

［典型任务说明］

了解公司是进入职场后的第一个环节，公司内任何一名员工都应该了解自己的公司，作为销售人员更应该对公司进行系统和全面的了解，熟悉公司的发展历史、目前主营业务、目标客户群、典型样板客户、目前和未来发展战略目标、商业模式及营销策略,提炼公司的文化理念、核心竞争力、产品价值等,以便在销售过程中能为客户介绍业务、呈现独特优势、解难答疑。

了解公司的内部关键业务流程,便于内部沟通和调动资源,发挥团队力量。

[在销售实践中的应用]

公司是销售人员在销售过程中的"第一张名片",是销售人员生存发展或实现人生梦想的平台。因此,做好"知己"的工作,才能在与客户的销售沟通中,对各种关于公司情况的问题应对自如、游刃有余。

同时,对所在公司的认同也决定了销售人员在销售过程中的"气质",因为这种认同会使销售人员增强自信,从而给客户树立良好的第一印象,因此全面、深度地了解公司情况,是职场专业化生存的第一课,也是销售成功的第一步。

[典型任务二认知所在公司的学习目标]

<table>
<tr><td colspan="2">学习目标</td><td>时间/分钟</td></tr>
<tr><td colspan="2">1. 了解并阐述公司背景、发展现状及战略,客户群体及营销战略。
2. 认识学习公司知识的重要性,掌握学习所在公司知识的方法和途径</td><td rowspan="3">55</td></tr>
<tr><td>情境编号</td><td>情境任务</td></tr>
<tr><td>02</td><td>认知所在公司</td></tr>
<tr><td>知识点</td><td colspan="2">KP01:用友公司</td></tr>
</table>

任务情境02　认知所在公司

一、情境说明

用友集团是本次ERP(企业资源计划)销售实训的产品与服务提供商,因此了解用友集团是本次ERP销售实训的重要内容。此任务是让各组学员了解用友集团概况,并在后续甲乙双方的采购与销售中进行应用。

二、学习过程

<table>
<tr><td>序号</td><td>学习步骤</td><td>时间/分钟</td></tr>
<tr><td>1</td><td>阅读情境</td><td>2</td></tr>
<tr><td>2</td><td>小组讨论</td><td>5</td></tr>
<tr><td>3</td><td>课件学习</td><td>15</td></tr>
<tr><td colspan="2">老师解析知识难点</td><td>10</td></tr>
<tr><td>4</td><td>完成练习"公司认知报告"</td><td>15</td></tr>
<tr><td colspan="2">老师点评、总结</td><td>8</td></tr>
<tr><td colspan="2">时间合计</td><td>55</td></tr>
</table>

步骤1:阅读情境

内容在 VBSE 营销综合实训软件中。

步骤2:小组讨论

步骤3:课件学习

内容在 VBSE 营销综合实训软件中。

步骤4:完成"公司认知报告"

1. 请组长组织小组成员每人静默3分钟,总结所学知识点视频内容。

2. 按顺序每人分享对所学知识点视频的理解,并分类汇总,达成共识。

3. 组长组织成员分工协作,共同完成并检查"公司认知报告"(表1-3),确保每一位成员理解作业并达成共识,如小组成员有异议,可以单独记录在表1-3下方。

表1-3 公司认知报告

公司认知报告	
所在公司名称	
公司历史	
主营业务/产品	
竞争地位	
目标客户群	
文化理念	
战略目标	
典型样本客户 (至少列举三家)	

异议与思考:____

____

老师点评记录:____

____

1.1.3 典型任务三 认知所在行业

[典型任务说明]

对所在行业的认知是销售人员的必修课,行业是企业生存的大环境,是一个企业必须参与其中的无形组织。

[在销售实践中的应用]

销售人员需要熟悉所从事行业的发展历史、产品技术和市场发展趋势,行业内主要供应商品牌和特点,竞争环境,主要竞争对手,客户企业对行业产品的应用需求和面临的挑战,才能和客户探讨需求,解答客户问询你和竞争对手的区别,帮助客户解决问题,阐释行业产品的应用现状与挑战,因势利导、挖掘需求,获得商机,有针对性地向客户进行销售。

[典型任务三认知所在行业的学习目标]

<table>
<tr><th colspan="2">学习目标</th><th>时间/分钟</th></tr>
<tr><td colspan="2">1. 了解并阐述所在行业背景、发展现状及趋势、客户群体、市场环境、主要供应商品牌及其对企业的价值。
2. 认识学习所在行业知识的重要性,掌握学习所在行业知识的方法和途径</td><td rowspan="3">55</td></tr>
<tr><td>情境编号</td><td>情境任务</td></tr>
<tr><td>03</td><td>认知所在行业</td></tr>
<tr><td>知识点</td><td colspan="2">KP02:ERP 行业介绍</td></tr>
</table>

任务情境03 认知所在行业

一、情境说明

用友软件业务涉及 ERP 软件行业,了解 ERP 软件行业发展趋势,以及企业应用 ERP 软件的价值和挑战,能够帮助销售人员与企业沟通 ERP 软件需求,有效挖掘商机。

ERP(enterprise resource planning)是当今世界企业经营与管理技术进步的代表。对企业来说,应用 ERP 的价值就在于通过系统的计划和控制等功能,结合企业的流程优化,有效地配置各项资源,以加快对市场的响应,降低成本,提高效率和效益,从而提升企业的竞争力。

二、学习过程

序号	学习步骤	时间/分钟
1	阅读情境	2
2	小组讨论	5
3	课件学习	15
老师解析知识难点		10
4	完成练习“行业认知报告”	15
老师点评、总结		8
时间合计		55

步骤1:阅读情境

内容在VBSE营销综合实训软件中。

步骤2:小组讨论

步骤3:课件学习

内容在VBSE营销综合实训软件中。

步骤4:完成练习“行业认知报告”

1. 请组长组织小组成员每人静默3分钟,总结所学知识点视频内容。

2. 按顺序每人分享对所学知识点视频的理解,并分类汇总,达成共识。

3. 组长组织小组成员分工协作,共同完成并检查“行业认知报告”(表1-4),确保每一位成员理解作业并达成共识,如小组成员有异议,可以单独记录在表1-4下方。

表1-4 行业认知报告

行业认知报告	
行业名称	
ERP定义及演变历史	
ERP对企业的价值	
行业/市场发展现状及趋势	

表 1-4(续)

行业认知报告	
产品技术应用趋势	
企业应用现状与挑战	
竞争环境及主要供应商	

异议与思考:______________________________

____

老师点评记录:______________________________

____

1.1.4 典型任务四 认知营销与销售

[典型任务说明]

从事 B2B 营销工作的人员对营销的认知主要包括了解企业与营销的关系、营销与销售的关系、销售的定义、B2B 复杂销售的特征等。

[在销售实践中的应用]

系统和全面的认知营销,能够更有效地帮助销售人员找到自己在企业营销过程中的最佳定位,发挥自己的作用和价值。

[典型任务四认知营销与销售的学习目标]

学习目标		时间/分钟
1. 阐述企业与营销、营销与销售的关系,以及什么是销售和 B2B 复杂销售的特征。 2. 应用对营销、销售职业的认知,拟定个人职业生涯定位与发展规划		100
情境编号	情境任务	课时/分钟
04	认知营销与销售	50
05	认知 B2B 复杂销售	50
知识点	KP03:营销与销售;KP04:B2B 复杂销售	

任务情境04 认知营销与销售

一、请做一次“关于营销与销售”的思考

1. 企业都有哪些商业模式和营销模式？

思考结果：______________________________

____

2. 营销与销售的区别是什么？

思考结果：______________________________

____

3. B2B复杂销售有什么特点？应具备哪些销售技巧？

思考结果：______________________________

____

二、在小组内向其他成员分享你“关于营销与销售”的思考

分享笔记：______________________________

____

三、情境说明

企业客户类型、销售模式、销售流程、销售渠道不同，企业营销的方式和特点也会有所不同，因此需要了解不同企业与营销的关系、营销与销售分别对不同企业的作用和价值。

四、学习目标

应用对企业与营销的关系、营销与销售的关系、什么是销售的认知，识别不同类型企业的营销特征。

五、学习过程

序号	学习步骤	时间/分钟
1	阅读情境	2
2	小组讨论	5
3	课件学习	10
老师解析知识难点		10
4	完成练习“营销与销售认知报告”	15
老师点评、总结		8
时间合计		50

步骤1：阅读情境

内容在VBSE营销综合实训软件中。

步骤2：小组讨论

步骤3：课件学习

内容在VBSE营销综合实训软件中。

步骤 4：完成练习“营销与销售认知报告”

1. 请组长组织小组成员每人静默 3 分钟，总结所学知识点视频内容。

2. 按顺序每人分享对所学知识点视频的理解，并分类汇总，达成共识。

3. 组长组织小组成员分工协作，共同完成并检查“营销与销售认知报告”（表 1－5），确保每一位成员理解作业并达成共识，如小组成员有异议，可以单独记录在表 1－5 下方。

表 1－5　营销与销售认知报告

营销与销售认知报告	
企业与营销的关系	
营销与销售的关系	
什么是销售	

异议与思考：____

____

老师点评记录：____

____

任务情境 05　认知 B2B 复杂销售

一、情境说明

B2B 复杂销售即企业对企业（business－to－business）之间的销售，也称 B2B 销售。因为产品金额较大，甲方会有多部门及多人分工、协同参与决策，并且大多都有比较严格的采购流程，使用引入多个乙方参与竞争的采购策略，进行竞争性评估。这就对乙方销售人员提出了较高的职业能力要求，需要其能够“在竞争性评估的环境中，以团队销售的方式，向多层次的甲方采购角色销售产品、提供服务或提出整体解决方案”。需要销售人员分析客户潜在需求，制订销售目标、销售策略和行动计划，团队配合完成对甲方的拜访沟通，并帮助甲方界定需求、分析改进方案、制订需求评估标准和方法。

只有了解 B2B 复杂销售的特征、企业采购决策特点，销售人员才能在销售过程中以客户为中心，遵循客户认知形成过程，把握关键销售流程，掌握客户采购决策规律，化复杂为简单，有针对性地制订行之有效的行动计划。

二、学习目标

阐述并应用对 B2B 复杂销售的特征的认知，识别大项目销售和传统交易销售的区别。

三、学习过程

序号	学习步骤	时间/分钟
1	阅读情境	2
2	小组讨论	5
3	课件学习	10
老师解析知识难点		10
4	完成练习“B2B 复杂销售认知报告”	15
老师点评、总结		8
时间合计		50

步骤1:阅读情境

内容在 VBSE 营销综合实训软件中。

步骤2:小组讨论

步骤3:课件学习

内容在 VBSE 营销综合实训软件中。

步骤4:完成练习“B2B 复杂销售认知报告”

1. 请组长组织小组成员每人静默3分钟,总结所学知识点视频内容。

2. 按顺序每人分享对所学知识点视频的理解,并分类汇总,达成共识。

3. 组长组织小组成员分工协作,共同完成并检查“B2B 复杂销售认知报告”(表1-6),确保每一位成员理解作业并达成共识,如小组成员有异议,可以单独记录在表1-6下方。

表1-6 B2B 复杂销售认知报告

B2B 复杂销售认知报告	
B2B 复杂销售的定义	
B2B 复杂销售的特点	
客户购买特点	
对销售人员的要求	

异议与思考:____

____

老师点评记录:____

____

1.1.5　典型任务五　认知销售职业

[典型任务说明]

职场的激烈竞争,迫切要求加强对员工的职业意识、职业技能、职业素质的培养。若没有正确、系统和全面的职业认知,将会导致将当前职业简单看成谋生手段,大大降低工作责任心与归属感,影响团队整体合力的发挥。

职业无所谓好坏,但是,不同的职业却意味着不同的人生,不同的职业意味着不同的发展空间。

[在销售实践中的应用]

如果对职业认知不清,就无法进行恰当的自我定位,即便对自我的认知很清晰,也难以制订出合适的职业生涯发展计划。反之,个体的职业认知能力越强,越能准确、客观地结合个人实际,那么职业生涯的成功就越有希望。

怎样才能成为优秀的销售人员?优秀的销售人员该具有什么样的素质?这两个问题对于企业挑选与培养优秀的销售人员来说都是非常重要的。假如没有对这些特性的考虑和总结,企业挑选及培养销售人员标准的成功率是多少?尽管无法明确区分成功的销售人员和不成功的销售人员之间完全不同的素质特点,但成功的销售人员无疑在品质、技能和知识方面确实存在一些共同点。

了解销售人员必备素质,能够帮助我们在销售的过程中更有针对性地完善自己的销售思维和技巧,实现销售能力和业绩的提升。

[典型任务五认知销售职业的学习目标]

学习目标		时间/分钟
认知销售职业特点、趋势及必备素养,拟订个人职业生涯定位		65
情境编号	情境任务	
06	认知销售职业	
知识点	KP05:销售职业;KP06:销售必备素质	

任务情境06　认知销售职业

一、情境说明

正确认知什么是销售职业,需要具备什么样的技能和素质,以及销售职业的发展趋势,才能明确自己职业发展目标和规划,制订能力提升计划,并在工作中利用公司提供的资源和支持,丰富自己的经验和知识,锻炼综合能力,获得职业方面更好的发展,实现成功目标。

二、学习过程

序号	学习步骤	时间/分钟
1	阅读情境	2
2	小组讨论	5
3	课件学习	20
老师解析知识难点		10
4	在线提交“职业认知报告”	18
老师点评、总结		10
时间合计		65

步骤1:阅读情境

内容在VBSE营销综合实训软件中。

步骤2:小组讨论

步骤3:课件学习

内容在VBSE营销综合实训软件中。

步骤4:在线提交作业“职业认知报告”

1. 请组长组织小组成员每人静默3分钟,总结所学知识点视频内容。

2. 按顺序每人分享对所学知识点视频的理解,并分类汇总,达成共识。

3. 组长组织小组成员分工协作,共同完成并指定小组成员,将本情境任务作业“职业认知报告”(表1-7)录入系统,确保每一位成员理解作业并达成共识,如小组成员有异议,可以单独记录在表1-7下方。

表1-7 职业认知报告

职业认知报告	
项目	内容
您想拥有什么样的未来	
您想成为怎样的销售精英	
您将如何实现所期望的未来	

表 1-7(续)

项目	内容
您对用友公司的认知	
您对 ERP 行业的认知	
您对 ERP 营销与销售的认知	
您将重点塑造的销售素质与能力	

异议与思考:______________________________

____

老师点评记录:______________________________

____

1.1.6 参考示例

任务情景:团队组建的团队设计

小组名称:××童车制造有限公司。

小组的目标、任务:发展成为全国知名的集设计开发、产品生产和市场营销为一体的童车行业大型集团公司。三年内实现总生产二百万辆,年利润达到十亿元。将该公司打造成国内一流童车品牌,发展扩张地方市场,成为消费者放心的优质品牌。

小组的学习口号(要求积极、健康、体现小组精神):鹰一样的精神,雁一样的团队。

团队和成员的优势:

总经理:组织领导能力强,做事条理清晰,统筹与执行能力强,具有良好的沟通、协调、团队建设能力。

企管经理:有较强的全局把控能力和实际操作能力,能恰当地运用手段分析解决各种问题。

信息经理:有丰富市场经验,信息资源丰富,有较强的 IT 预算与编制能力。

采购经理:精通四国语言,对各地情况了解深入,谈判能力强。

生产经理:有较强的管理控制能力,考虑周密,有较强的事业心和责任感,有自信心,处事果断。

财务经理:有高级会计专业资格,受过专业训练,做事严谨认真。

销售经理:形象好、气质佳,有良好的人际沟通能力和谈判能力。

我们的团队由七个各领域的精英组成。我们有一致的目标、共同的方向,团队精英带领我们冲向最高峰。

1.2 认知客户

[任务说明]

本大项目销售实训以 ERP 行业为背景,ERP 软件的销售对象是企业中的管理者,ERP 软件能帮助企业优化业务流程,规范管理,借助 ERP 软件工具还可以解决企业日常生产运营中的管理问题。只有了解客户企业生产经营问题、关键管理岗位角色的职责与挑战,才能在销售过程中理解并满足客户的需求。

[在销售实践中的应用]

ERP 软件销售本身属于解决方案销售,即将客户的业务结合软件的功能进行统一规划、设计,并形成落地的方案,再将方案呈现给客户方,让客户方从方案中预测到软件应用后的价值,从而产生购买行为。在整个销售过程中,发现并理解客户的运营管理问题和业务需求是所有动作的核心。

[该任务的学习目标]

认知客户的学习目标	所含典型任务		课时/分钟
	任务号	典型任务名称	
1. 认知学习客户知识对销售人员的重要性,掌握学习客户企业知识的方法和途径。 2. 阐述客户企业主要经营问题、关键岗位职责与挑战	六	认知客户	150

1.2.1 典型任务六 认知客户

[典型任务说明]

客户是指通过购买你的产品或服务满足其某种需求的群体,也就是指跟个人或企业有直接的经济关系的个人或企业。认知客户的重要任务就是需要识别客户,在确定好目标市场的情况下,从目标市场的客户群体中识别出对企业有意义的客户,作为企业实施销售的对象。由于目标市场客户的个性特征各不相同,不同客户与企业建立并发展客户关系的倾向也各不相同,因此他们对企业的重要性是不同的。

[在销售实践中的应用]

销售过程中,企业需要通过一系列技术手段,根据大量客户的特征、购买记录等得到数据,找出谁是企业的潜在客户,客户的需求是什么,哪类客户最有价值等,并把这些客户作为企业销售实施对象,从而为企业成功实施销售提供保障。实施大项目销售过程中,需要了解客户的需求,处理目标细分市场的全部客户欲望与需要;建立客户驱动的需求集,作为投资的重点;确定要想在所选细分市场获得成功必须达到的主要分界标准;确定促使客户选择公司产品的主要原因。因此,认识客户是销售过程中的重要过程,也是销售的重点。

[典型任务六认知客户的学习目标]

学习目标		时间/分钟
1. 认知学习客户知识对销售人员的重要性,了解学习客户企业知识的内容、方法和途径。 2. 阐述客户企业主要经营问题、关键岗位职责与挑战		150
情境编号	情境任务	课时/分钟
07	认知客户企业	75
08	认知客户关键岗位	75
知识点	KP07:认知客户企业;KP08:认知客户关键岗位	

任务情境 07　认知客户企业

一、情境说明

本 ERP 软件大项目销售实训方案,以制造业企业为目标客户,因此我们需要了解制造业企业常见的生产运营管理问题。

二、学习目标

应用对制造业企业常见生产运营管理问题的认知,概述制造业企业核心管理问题。

三、学习过程

序号	学习步骤	时间/分钟
1	阅读情境	2
2	小组讨论	15
3	课件学习	15
老师解析知识难点		15
4	完成练习"客户企业认知报告"	15
老师点评、总结		13
时间合计		75

步骤 1:阅读情境

内容在 VBSE 营销综合实训软件中。

步骤2:小组讨论

步骤3:课件学习

内容在 VBSE 营销综合实训软件中。

步骤4:完成练习“客户企业认知报告”

1. 请组长组织小组成员每人静默3分钟,总结所学知识点视频内容。

2. 按顺序每人分享对所学知识点视频的理解,并分类汇总,达成共识。

3. 组长组织小组成员分工协作,共同完成并检查“客户企业认知报告”(表1-8),确保每一位成员理解作业并达成共识,如小组成员有异议,可以单独记录在表1-8下方。

表1-8 客户企业认知报告1

客户企业认知报告	
总体运营管理方面	
财务管理方面	
采购管理方面	
生产管理方面	
销售管理方面	
信息化建设管理方面	

异议与思考:______________________________

____

老师点评记录:______________________________

____

任务情境08 认知客户关键岗位

一、情境说明

要使企业有效地运转，首先必须赋予员工相应对等的责任、权利、利益。企业在设立一个工作岗位的时候就应当明确该岗位的工作职责和任务目标。企业所有岗位职责归根结底应该服从企业发展目标的要求。

二、学习目标

应用对客户关键岗位的认知，概述客户关键岗位的职责与挑战。

三、学习过程

序号	学习步骤	时间/分钟
1	阅读情境	2
2	小组讨论	15
3	课件学习	15
老师解析知识难点		15
4	在线提交"客户企业认知报告"	18
老师点评、总结		10
时间合计		75

步骤1：阅读情境

内容在VBSE营销综合实训软件中。

步骤2：小组讨论

步骤3：课件学习

内容在VBSE营销综合实训软件中。

步骤4：在线提交"客户企业认知报告"

1. 请组长组织小组成员每人静默3分钟，总结所学知识点视频内容。

2. 按顺序每人分享对所学知识点视频的理解，并分类汇总，达成共识。

3. 组长组织小组成员分工协作，共同完成并指定小组成员，将本情境任务作业"客户企业认知报告"（表1－9）录入系统，确保每一位成员理解作业并达成共识，如小组成员有异议，可以单独记录在表1－9下方。

表1－9 客户企业认知报告2

客户企业认知报告	
制造业企业经营管理难点	

表 1-9(续)

客户企业认知报告	
什么原因导致的	
基于您的岗位,您将如何使之改善	

异议与思考:______________________________

____

老师点评记录:______________________________

____

1.3 认知产品

[任务说明]

认知产品是指对产品进行全方位了解,包括属性、特征、作用、优势、价值以及证据说明。将自己的产品销售给客户,首先自身必须要熟知产品。只有深入、全面地了解产品的用途、特性、价值,才能在销售过程中为客户展现产品的优点,才能"打动"客户。

[在销售实践中的应用]

在销售新人应该掌握的知识里,占用学习时间最多的、对未来市场工作影响最直接的,就是对产品的掌握和了解。

"打铁还需自身硬",在销售中实现让客户乐于采购我们的产品的过程,实质上是一个价值交换过程。ERP 产品有自身的属性与价值,但这些属性与价值是否是客户需要的,这是未知的、变化的,我们只有充分、全面地熟悉自身的产品才能在销售过程中"以不变应万变",呈现客户需要的价值并进行价值交换。

[该任务的学习目标]

认知产品的学习目标	所含典型任务		课时/分钟
	任务号	典型任务名称	
认知学习产品知识对销售人员的重要性,阐述公司产品的特性或独有特征,以及如何满足客户需求、实现利益	七	学习产品知识	125

1.3.1　典型任务七　学习产品知识

［典型任务说明］

通过学习用友 ERP 软件知识，全面了解用友 ERP 产品，掌握 ERP 产品的财务管理系统、供应链管理系统的知识。实训过程中的客户需求沟通、方案设计、方案呈现都将运用到产品知识。

本次实训过程，我们只涉及财务管理系统和供应链管理系统，甲乙双方就财务和供应链管理解决方案展开采购与销售。

［典型任务七学习产品知识的学习目标］

学习目标		时间/分钟
认知学习产品知识对销售人员的重要性，阐述财务管理系统、供应链管理系统的特性或独有特征，以及如何满足客户需求、实现利益		125
情境编号	情境名称	课时/分钟
09	认知产品（财务管理系统）	60
10	认知产品（供应链管理系统）	65
知识点	KP09：认知产品（财务管理系统）；KP10：认知产品（供应链管理系统）	

任务情境09　认知产品（财务管理系统）

一、情境说明

财务管理系统是企业信息化管理的最基本需求，绝大多数企业信息化都是从财务管理信息化入手的。财务管理系统可以满足企业不同角色的会计人员处理日常资金管理、计划预算、应收/应付款管理、成本核算等需求，还可以进行财务分析，形成相关财务信息管理报表和预警。我们通过掌握用友 ERP 产品的财务管理系统解决方案概述，可以向客户介绍财务管理系统的功能特性。

二、学习目标

应用对财务管理系统功能的认知，概述财务管理系统的特性或独有特征，以及如何满足客户需求、实现利益。

三、学习过程

序号	学习步骤	时间/分钟
1	阅读情境	2
2	小组讨论	15
3	课件学习	10

序号	学习步骤	时间/分钟
老师解析知识难点		10
4	完成练习“财务管理系统方案概述”	15
老师点评、总结		8
时间合计		60

步骤1:阅读情境

内容在VBSE营销综合实训软件中。

步骤2:小组讨论

步骤3:课件学习

内容在VBSE营销综合实训软件中。

步骤4:完成练习“财务系统管理解决方案概述”

1. 请组长组织小组成员每人静默3分钟,总结所学知识点视频内容。

2. 按顺序每人分享对所学知识点视频的理解,并分类汇总,达成共识。

3. 组长组织小组成员分工协作,共同完成并检查“财务管理系统方案概述”(表1-10),确保每一位成员理解作业并达成共识,如小组成员有异议,可以单独记录在表1-10下方。

表1-10 财务管理系统方案概述

财务管理系统方案概述	
主要解决的问题	
功能模块	

异议与思考:________________________________

____

老师点评记录:________________________________

____

任务情境10 认知产品(供应链管理系统)

一、情境说明

供应链管理系统是企业信息化管理的核心内容,是实现企业日程经营管理信息化的重要保障,可以为企业的采购管理、销售管理、库存管理、生产物料需求、供应商管理等业务进行相关往来信息数据管理和流程监控,并形成相应管理分析报表,为相应管理人员提供管理数据和物料需求预警。我们通过掌握用友ERP产品的供应链管理系统解决方案概述,可以专业地向客户介绍供应链管理系统。

二、学习目标

应用对供应链管理系统功能的认知，概述供应链管理软件系统的特性或独有特征，以及如何满足客户需求、实现利益。

三、学习过程

序号	学习步骤	时间/分钟
1	阅读情境	2
2	小组讨论	15
3	课件学习	10
老师解析知识难点		10
4	在线提交“ERP 产品认知报告”	18
老师点评、总结		10
时间合计		65

步骤 1：阅读情境

内容在 VBSE 营销综合实训软件中。

步骤 2：小组讨论

步骤 3：课件学习

内容在 VBSE 营销综合实训软件中。

步骤 4：在线提交“ERP 产品认知报告”

1. 请组长组织小组成员每人静默 3 分钟，总结所学知识点视频内容。

2. 按顺序每人分享对所学知识点视频的理解，并分类汇总，达成共识。

3. 组长组织小组成员分工协作，共同完成并指定小组成员将本情境任务“ERP 产品认知报告”（表 1－11）录入系统，确保每一位成员理解作业并达成共识，如小组成员有异议，可以单独记录在表 1－11 下方。

表 1－11 ERP 产品认知报告

ERP 产品认知报告	
财务管理系统 可以解决企业哪些问题	
供应链管理系统 可以解决企业哪些问题	

表 1-11(续)

ERP 产品认知报告	
财务管理系统功能模块	
供应链管理系统功能模块	

异议与思考:______________________________

____

老师点评记录:______________________________

____

第2章 甲方任务

2.1 甲方销售准备

［任务说明］

销售准备是指在销售中进行销售拜访前的准备工作，是每个项目重要的前置工作。在这个工作中，需要根据公司产品或者解决方案，从目标客户群中筛选出理想目标客户，并对客户信息进行收集，从中进行有效商机的挖掘和确认。同时，根据对目标客户的现状和潜在需求分析，进行初次拜访前的准备。

［在销售实践中的应用］

实际的大项目销售过程中，针对的是每个不同的客户和具体项目，因此客户不同、沟通对象不同、场景不同、性格不同、需求不同，销售方法与策略自然也不同。所以我们需要针对每一个客户、每一个项目做不同的具体分析和销售准备。

怎么找到目标客户，进行有效商机的确认，获得销售机会，一直是困扰各公司销售人员的大问题，这个问题会直接导致销售工作无法开展，因此找到理想目标客户就成了每个销售人员的头等大事，也是销售工作的起始点。

在进行有效商机的确认后，下一步就是要进行销售拜访。根据复杂性销售的特点，需要在销售拜访前进行多方面的准备工作。如何向客户做专业的自我介绍？用什么有效约见理由激发客户兴趣而不被客户拒绝拜访？这些一直是令销售人员头疼的问题。因此，需要根据客户的实际情况和拜访目的进行完善的拜访准备工作，从而保障销售拜访的有效达成。

［该任务的学习目标］

<table>
<tr><th rowspan="2">甲方销售准备的学习目标</th><th colspan="2">所含典型任务</th><th rowspan="2">课时/分钟</th></tr>
<tr><th>任务号</th><th>典型任务名称</th></tr>
<tr><td rowspan="2">1. 识别商机，分析客户潜在需求。
2. 应用激发客户兴趣、建立客户信任的方法，进行客户预约和拜访准备</td><td>八</td><td>甲方商机
挖掘和分析</td><td>55</td></tr>
<tr><td>九</td><td>甲方拜访准备</td><td>220</td></tr>
</table>

2.1.1 典型任务八 甲方商机挖掘和分析

［典型任务说明］

商机挖掘和分析是指在大项目销售过程中，根据区域市场的分析，定义理想客户模型，并进行目标客户的筛选，从而在其中找到能契合产品或者方案并能体现最大化价值的客户，从而对其开展有效的销售工作。

［在销售实践中的应用］

在大项目销售中，并不是所有目标客户都是理想客户或存在销售机会。因为每个企业对于自身存在的问题分析的出发点会基于企业自身特点和管理基础，从而影响到采用何种解决方式，或者暂时不考虑解决某方面的问题，或者还未意识到该问题可以得到解决。

若选择了一个非理想客户项目，将会导致销售资源的投入和产出不成正比。一方面会浪费公司资源和销售人员精力；另一方面即便成功签单，后期也可能会产生一些负面效应，如项目失败导致公司品牌形象受损，或者收不回相关合同款项等。

选择正确的客户项目作为销售目标，销售人员所做的行动和努力才会产生效益。

［典型任务八甲方商机挖掘和分析的学习目标］

<table>
<tr><th colspan="2">学习目标</th><th>时间/分钟</th></tr>
<tr><td colspan="2">1. 了解有效挖掘商机的方法，应用对理想客户模型和商机定义的认知，识别商机，阐述商机与销售机会的关系。
2. 理解选择理想目标客户和有效商机作为销售起点的重要性</td><td rowspan="3">55</td></tr>
<tr><td>情境编号</td><td>甲方</td></tr>
<tr><td>11－甲</td><td>拟订绩效目标</td></tr>
<tr><td>知识点</td><td colspan="2">KP11：商机挖掘</td></tr>
</table>

任务情境11 拟订绩效目标

一、情境说明

当企业制订发展战略目标后，会对企业经营管理提出更高的要求，同时会分解出各业务部门的绩效目标。

二、学习目标

1. 识别如下概念：理想客户模型、商机、销售机会。

2. 了解商机挖掘的方式，以及企业战略发展目标分解成各业务部门绩效目标的过程，对形成乙方商机的影响。

三、学习过程

序号	学习步骤	时间/分钟
1	阅读情境	2
2	小组讨论	15
3	课件学习	10
老师解析知识难点		10
4	完成练习“绩效目标表”	18
时间合计		55

步骤 1:阅读情境

内容在 VBSE 营销综合实训软件中。

步骤 2:小组讨论

步骤 3:课件学习

内容在 VBSE 营销综合实训软件中。

步骤 4:完成练习“绩效目标表”

1. 请组长组织小组成员每人静默 3 分钟,总结所学知识点视频内容。

2. 按顺序每人分享对所学知识点视频的理解,并分类汇总,达成共识。

3. 组长组织小组成员分工协作,共同完成并检查“绩效目标表”(表 2－1),确保每一位成员理解作业并达成共识,如小组成员有异议,可以单独记录在表 2－1 下方。

表 2－1　绩效目标表

绩效目标表	
甲方岗位	
项目	内容
改进项目	
绩效目标	

异议与思考:____

____

老师点评记录:____

____

2.1.2 典型任务九 甲方拜访准备

[典型任务说明]

拜访准备是指为成功邀约和拜访客户前做的准备工作。主要内容包括分析客户概念和潜在需求、制订客户可能关心的问题清单、拜访预约准备。

[在销售实践中的应用]

在大项目销售中,企业客户一般都业务繁忙,且每天都会接到各类乙方的电话和拜访邀约,因此销售邀约拜访客户时被拒绝是大概率事件,同时,一般情况下销售经理首轮接触客户时会很紧张,不知道该和客户谈些什么。为了解决这些问题,我们必须做好充分的拜访准备,明确拜访客户的目的,找到激发客户兴趣的方法,制订有效约见理由。

[典型任务九甲方拜访准备的学习目标]

学习目标		时间/分钟
1. 应用客户概念、客户需求、问题清单,分析客户潜在需求。 2. 应用制订行动承诺、有效约见理由、自我介绍、成功故事、客户预约的方法,了解基本商务礼仪,进行客户预约和拜访准备		220
情境编号	甲方	课时/分钟
12－甲	分析差距和需求	75
13－甲	采购沟通准备	145
知识点	KP12:客户概念;KP13:激发客户兴趣;KP14:客户需求; KP15:行动承诺;KP16:客户预约;KP17:基本商务礼仪	

任务情境12 分析差距和需求

一、情境说明

甲方企业往往由内因或外因导致现状与理想期望之间出现差距,且企业是一个有机的整体,任何问题的产生都不是孤立的,需要寻求改善,分析现状和目标之间存在哪些差距,背后可能存在哪些问题,什么原因导致了这些问题的产生。为了解决这些问题,有哪些解决方案和需求,并罗列出为了实现相关目标,所关注的问题清单。

二、学习目标

1. 识别并应用客户概念、客户需求、问题清单,分析客户企业差距和需求。
2. 了解如何应用专业自我介绍、问题清单、成功故事的方法,激发客户兴趣。

三、学习过程

序号	学习步骤	时间/分钟
1	阅读情境	5
2	小组讨论	15
3	课件学习	30
老师解析知识难点		10
4	完成练习“需求分析表”	15
时间合计		75

步骤 1:阅读情境

内容在 VBSE 营销综合实训软件中。

步骤 2:小组讨论

步骤 3:课件学习

内容在 VBSE 营销综合实训软件中。

步骤 4:完成练习“需求分析表”

1. 请组长组织小组成员每人静默 3 分钟,总结所学知识点视频内容。

2. 按顺序每人分享对所学知识点视频的理解,并分类汇总,达成共识。

3. 组长组织小组成员分工协作,共同完成并检查“需求分析表”(表 2-2),确保角色成员理解作业并达成共识,如小组成员有异议,可以单独记录在表 2-2 下方。

表 2-2 需求分析表

需求分析表			
项目	内容	需求	问题清单
实现			
解决			
避免			

异议与思考:______________________________

____

老师点评记录：______________________________

____

任务情境13　采购沟通准备

一、情境说明

甲方企业在每次接待乙方企业拜访前，需要根据关心的问题和期望获得的对自己有帮助的有效信息，进行相关沟通前准备工作。

二、学习目标

应用行动承诺、激发客户兴趣、建立客户信任的方法，判断乙方客户预约的方法和拜访准备工作是否专业、有效。

三、学习过程

序号	学习步骤	时间/分钟
1	阅读情境	2
2	小组讨论	15
3	课件学习	30
老师解析知识难点		13
4	小组讨论	30
5	在线收取“首轮拜访预约邮件”，讨论并回复确认信息	30
6	在线提交“首轮采购沟通准备表”	15
老师点评、总结		10
时间合计		145

步骤1：阅读情境

内容在VBSE营销综合实训软件中。

步骤2：小组讨论

步骤3：课件学习

内容在VBSE营销综合实训软件中。

步骤4：小组讨论

步骤5：在线收取“首轮拜访预约邮件”，讨论并回复确认信息

甲方在VBSE营销综合实训软件中，收取“首轮拜访预约邮件”，小组讨论拜访预约邮件内容，并在线回复确认信息。

步骤6：在线提交“首轮采购沟通准备表”

1. 请组长组织小组成员每人静默3分钟，总结所学知识点视频内容。

2. 按顺序每人分享对所学知识点视频的理解，并分类汇总，达成共识。

3. 组长组织小组成员分工协作，共同完成并检查“首轮采购沟通准备表”（表2－3），确保每一位成员理解作业并达成共识，如小组成员有异议，可以单独记录在表2－3下方，并分

角色将本情境任务录入 VBSE 营销综合实训系统。

表 2-3　首轮采购沟通准备表

首轮采购沟通准备表	
甲方部门角色	
项目	内容
需求	
问题清单	
期望提供的材料	
期望的交流对象	
期望的交流形式	
准备的提问	

异议与思考：____

____

老师点评记录：____

____

2.2　甲方销售沟通

［任务说明］

销售沟通是指在拜访客户的互动沟通中，与客户确认商机，了解客户概念和需求，将客户潜在需求、隐藏性需求转化为明显性需求的过程。在此过程中，应同时向客户呈现自己的优势，解决客户顾虑，达成对解决方案的共识，获得客户的认可、支持和行动承诺，并建立客户信任。

［在销售实践中的应用］

实际的大项目销售过程中，客户对企业面临的问题与需求不一定清晰和明确，其未必能意识到某问题是可以解决的或是有相应的解决措施的。甲方采购人员需要与乙方共同分析和界定目标、明确问题、差距、需求，并探讨改进策略、计划和机会；与乙方一起研讨解决方案，乙方帮助甲方完成采购，并在此过程中为甲方创造价值。

在互联网经济时代和各供应商的产品同质化、差异优势不明显的情况下，产品的价值已经从产品本身转移到如何帮助客户降低采购风险和采购成本，获得最佳解决方案和服务支持上。销售沟通过程就是在创造甲方价值方面发挥作用，甲方采购过程越长，销售沟通中创造价值的空间越大。

每次甲方接待乙方拜访后，甲方需要进行来访总结和评估，以便分析下一步待解决问题，制订行动计划。

［该任务的学习目标］

<table>
<tr><th rowspan="2">甲方销售沟通的学习目标</th><th colspan="2">所含典型任务</th><th rowspan="2">课时/分钟</th></tr>
<tr><th>任务号</th><th>典型任务名称</th></tr>
<tr><td rowspan="5">1. 学习乙方如何应用了解客户概念、呈现优势、获得承诺的流程和方法，进行销售拜访沟通，建立客户信任。
2. 学习乙方如何应用拜访总结与评估的方法，进行拜访总结和客户信任度评估。
3. 学习乙方如何应用识局、拆局、布局的方法，分析竞争优势和劣势，制订竞争策略，获得竞争优势</td><td>十</td><td>了解客户概念</td><td>205</td></tr>
<tr><td>十一</td><td>呈现优势</td><td>290</td></tr>
<tr><td>十二</td><td>获得承诺</td><td>280</td></tr>
<tr><td>十三</td><td>拜访总结与评估</td><td>55</td></tr>
<tr><td>十四</td><td>关键人拜访</td><td>305</td></tr>
</table>

2.2.1 典型任务十　了解客户概念

［典型任务说明］

了解客户概念是指在销售拜访过程中，对客户商机、潜在需求进行沟通确认，了解客户真正的目标、问题和需求。

［在销售实践中的应用］

任何成功的销售都是基于客户自己的概念和需求完成的。需求和问题是一对孪生兄弟，需求是为了解决问题而产生的；需求是表面的，问题是需求的原因。所以我们需要明确需求背后的问题是什么。

在甲方和乙方接触初期，乙方通常会与甲方分享目标和动机，但并不是所有问题和需求甲方都能清晰表达，有时会觉得某些问题并不重要而跳过。当甲方处于潜在需求阶段时，需求尚不明确，是隐性藏的，通常表现为不满和抱怨，或是未意识到该目标可以实现；需求达到明确阶段时，甲方会表达明显、强烈的需求，其对问题点的认识、抱怨、不满、误解也会具体化。

因此甲方采购人员需要在拜访中与乙方共同探讨，确认真正的目标、问题和需求。

[典型任务十了解客户概念的学习目标]

学习目标		时间/分钟
1. 学习乙方如何应用问题清单,进行客户拜访,了解客户概念和需求。 2. 学习乙方如何认识提问技巧、倾听技巧用于客户拜访中了解客户概念的重要性。 3. 学习乙方如何在首轮客户拜访后,识别项目局势,分析制订单一销售目标,判断项目阶段和采购角色		205
情境编号	甲方	课时/分钟
14 - 甲	明确问题和需求	120
15 - 甲	拟订采购计划	85
知识点	KP18:提问技巧;KP19:倾听技巧;KP20:单一销售目标; KP21:项目阶段;KP22:采购角色	

任务情境14 明确问题和需求

一、情境说明

甲方企业在与供应商的首轮沟通中,通过交流获取有效信息,对前期分析的企业现状、问题和需求做进一步的明确与评估。此任务情境即甲方企业明确问题、评估需求。

二、学习目标

1. 通过与供应商的首轮沟通,应用对客户概念、客户需求的识别和问题清单的方法,明确问题、评估需求。

2. 识别并应用暖场类问题、信息类问题、态度类问题、确认类问题、倾听技巧、黄金沉默技巧,对供应商的首轮拜访沟通效果进行评估。

三、学习过程

序号	学习步骤	时间/分钟
1	阅读情境	5
2	小组讨论	15
3	线下行动	30
4	小组讨论	10
反馈、点评、总结		20
5	课件学习	20
老师解析知识难点		10
6	在线提交"首轮采购沟通反馈表"	10
时间合计		120

步骤1:阅读情境

内容在VBSE营销综合实训软件中。

步骤2:小组讨论

步骤3:线下行动

甲方组长组织小组成员应用对客户概念、客户需求的识别和问题清单的方法,分别与乙方小组成员沟通,明确问题、评估需求。

步骤4:小组讨论

请组长组织小组成员共同讨论并明确以下问题:

1. 本轮沟通中,供应商帮助我们明确了哪些问题和需求?

2. 建议的解决方案是否符合我们的概念和需求?对我们是否有帮助?

3. 还有哪些问题没有明确?对供应商有哪些感受和认知?如何评价供应商?

步骤5:课件学习

课件学习内容在VBSE营销综合实训软件中。

步骤6:在线提交“首轮采购沟通反馈表”

1. 请组长组织小组成员每人静默3分钟,总结所学知识点视频内容。

2. 按顺序每人分享对所学知识点视频的理解,并分类汇总,达成共识。对首轮采购沟通进行总结,填写在表2-4和表2-5中。

表2-4　首轮采购沟通总结1

首轮采购沟通总结	
组名	
项目	内容
沟通的需求	
解决了哪些问题	
探讨的解决方案	
给予的行动承诺	
下一步待解决问题	
沟通中自我存在的问题	

表2-5 首轮采购沟通总结2

首轮采购沟通总结				
乙方名称	比较好的方面	可以更好的方面	对销售进程的影响	点评、反馈
甲方(我方)				

讨论笔记:______________________________

____

反馈、点评、总结笔记:______________________________

____

3. 组长组织小组成员分工协作,共同完成并指定小组成员将本情境任务"首轮采购沟通反馈表"(表2-6)录入系统,确保每一位成员理解作业并达成共识,如小组成员有异议,可以单独记录在表2-6下方。

表 2-6　首轮采购沟通反馈表

首轮采购沟通反馈表						
来访乙方组名						
乙方参与岗位						
甲方岗位						
类别	项目	反馈内容	序号	分值	得分	关键记录与反馈
沟通过程	商务表现	仪表及肢体语言合理	1	5		
		时间控制合理	2	5		
	沟通内容	探讨我方关注的问题清单	3	5		
		通过提问了解我方概念/信息	4	10		
		有确认和态度征询	5	10		
		针对明确的问题讲述和回答	6	10		
		说服力强/可信度高	7	10		
		逻辑清晰合理/思路连贯	8	10		
		合理使用材料工具	9	10		
		沟通过程与约见理由一致	10	10		
沟通效果	达成共识	需求分析准确	11	5		
		建议的解决方案合理	12	5		
		获取行动承诺	13	5		
分值合计				100		

异议与思考：____

____

老师点评记录：____

____

任务情境15　拟订采购计划

一、情境说明

甲方企业在采购项目初期，各业务部门会根据与供应商的初步沟通，进一步明确各自的问题、评估需求、项目的紧迫程度和预算等，拟订采购计划。

同时根据拟订的采购计划、项目的紧迫程度，综合每个需求部门关键人与供应商就问题和需求的沟通情况，确定各部门还需要做哪些层面的沟通和确认，从而确定下一步采购策略和行动计划。此任务情境即甲方企业确定项目阶段。

甲方企业在采购过程中，起始阶段都会表现得非常理性，但随着问题和需求的进一步明确，在后期，这个理性且合乎逻辑的甲方收集信息过程经常会转变成感性、政治的选择过程，这时就需要采购委员会来做决定。因此需要从不同部门抽调成员组成采购委员会，并进行角色分工，承担不同的采购职能，对供应商进行不同层面的评选标准把关。此任务情境即甲方企业成立项目采购小组，确定角色分工。

二、学习目标

应用对单一销售目标、项目阶段、采购角色的概念的学习，分析制订采购计划。

三、学习过程

序号	学习步骤	时间/分钟
1	阅读情境	2
2	小组讨论	15
3	课件学习	30
老师解析知识难点		10
4	在线提交“拟订采购计划表”	18
老师点评、总结		10
时间合计		85

步骤 1：阅读情境

内容在 VBSE 营销综合实训软件中。

步骤 2：小组讨论

步骤 3：课件学习

内容在 VBSE 营销综合实训软件中。

步骤 4：在线提交“拟订采购计划表”

1. 请组长组织小组成员每人静默 3 分钟，总结所学知识点视频内容。

2. 按顺序每人分享对所学知识点视频的理解，并分类汇总，达成共识。

3. 组长组织小组成员分工协作，共同完成并指定小组成员将本情境任务“拟订采购计划表”（表 2－7）录入系统，确保每一位成员理解作业并达成共识，如小组成员有异议，可以单独记录在表 2－7 下方。

表 2－7 拟订采购计划表

拟订采购计划表	
目前项目阶段	
需采购的产品/服务/解决方案	

表 2-7(续)

拟订采购计划表	
使用部门/领域	
数量/单位	
预算	
实现目标	
合同签订时间	
采购小组成员	
决策者 EB	
技术把关者 TB	
使用者 UB	

异议与思考:____

____

老师点评记录:______________________________________

____

2.2.2 典型任务十一 呈现优势

[典型任务说明]

呈现优势是指甲方在接待乙方拜访后,乙方在销售过程中向甲方展示能力,证明与竞争对手相比有独特的优势,此过程中还包括乙方和甲方共同制订满足甲方的需求标准,共同创造一个达成共识的解决方案,从而使双方都有意愿做出行动承诺,使合作的把握更大。

[在销售实践中的应用]

优势和劣势都是甲方眼中的,产品只有特点,没有优点和缺点。甲方接待乙方拜访后看到乙方的优势和劣势。甲方基于乙方与竞争对手的差异做出决策,所以甲方必须找到不同乙方差异化的优势,并与乙方的拜访内容关联起来。

随着市场竞争加剧,各家公司产品本身的差异越来越小,各种概念和名词满天飞,甲方都不知道听谁的。因此乙方必须找到一种区别于竞争对手的差异,这种差异必须是从甲方的采购需求出发,在甲方的角度上是重要的优势。这种差异还应是独特的,最好是自己有而竞争对手没有的,或者即使双方都有,至少也是甲乙双方达成共识的优势。

[典型任务十一呈现优势的学习目标]

学习目标		时间/分钟
1. 应用提问技巧和倾听技巧,进行第二轮采购沟通,考察供应商优势。 2. 应用对乙方呈现优势、拆解项目局势的流程和方法的学习,进行竞争局势分析,制订采购决策流程		290
情境编号	甲方	课时/分钟
16 – 甲	考察供应商优势	205
17 – 甲	制订采购决策流程	85
知识点	KP23:独特差异优势;KP24:应用场景呈现;KP25:合作经营流程; KP26:客户态度;KP27:采购决策模型;KP28:竞争分析	

任务情境16 考察供应商优势

一、情境说明

甲方企业在首轮采购沟通后,需要对沟通情况和收获进行总结分析,整理出问题和需求,以及下一步期望获得的信息和解决的问题。同时进一步通过考察供应商的具体解决方法和能力优势证明,从而确认需求和解决方案的可行性,在此过程中评估哪个供应商更具优势、最贴合自己的概念和需求。此任务情境即甲方企业考察供应商优势,以便确定可以进入下一轮沟通的候选供应商。

二、学习目标

1. 应用提问技巧和倾听技巧,在第二轮采购沟通中考察供应商优、劣势。

2. 认识差异优势在销售中的重要性,讲述差异优势的定义和标准,基于客户概念制订差异优势清单。

3. 认知并阐述传统销售与合作经营的不同,应用SPAR(S指状况(sitution)、P指某人(person)、A指行为及效果(action)、R指结果与感受(resuct))句式呈现客户应用场景,基于客户概念和合作经营流程制订沟通表。

4. 应用“独特差异优势、应用场景呈现、合作经营流程”的学习，对供应商的第二轮拜访沟通效果进行评估。

三、学习过程

序号	学习步骤	时间/分钟
1	阅读情境	5
2	小组讨论	30
3	收取“第二轮拜访预约邮件”，讨论并回复确认信息	30
4	完成练习“第二轮采购沟通准备表”	30
5	线下行动	30
6	小组讨论	10
反馈、点评、总结		20
7	课件学习	30
老师解析知识难点		10
8	在线提交“第二轮采购沟通反馈表”	10
时间合计		205

步骤1：阅读情境

内容在 VBSE 营销综合实训软件中。

步骤2：小组讨论

步骤3：收取“第二轮拜访预约邮件”，讨论并回复确认信息

在 VBSE 营销综合实训软件系统上收取“第二轮拜访预约邮件”，甲方组长组织小组成员讨论邮件内容，并回复确认信息。

步骤4：完成练习“第二轮采购沟通准备表”

请各角色成员共同完成并检查“第二轮采购沟通准备表”（表2－8），确保每一位成员理解作业并达成共识，如小组成员有异议，可以单独记录在表2－8下方。

表2－8　第二轮采购沟通准备表

第二轮采购沟通准备表	
甲方部门角色	
项目	内容
需求	

表2－8(续)

项目	内容
问题清单	
期望提供的材料	
期望的交流对象	
期望的交流形式	
准备的提问	

异议与思考:______________________________

____

老师点评记录:______________________________

____

步骤5:线下行动

甲方组长组织小组成员分别与乙方沟通。

步骤6:小组讨论

甲方组长组织小组成员共同讨论并明确以下问题:

本轮沟通,你有哪些感受?供应商向我们呈现了哪些优势?这些优势是如何证明的?

步骤7:课件学习

内容在VBSE营销综合实训软件中。

步骤8:在线提交“第二轮采购沟通反馈表”

1.请组长组织小组成员每人静默3分钟,总结所学知识点视频内容。

2.按顺序每人分享对所学知识点视频的理解,并分类汇总,达成共识。对第二轮采购沟通进行总结,填写在表2－9和表2－10中。

3.组长组织小组成员分工协作,共同完成并检查“第二轮采购沟通反馈表”(表2－11),并指定小组成员录入系统,确保每一位成员理解作业并达成共识,如小组成员有异议,可以单独记录在表2－11下方。

表 2－9　第二轮采购沟通总结 1

第二轮采购沟通总结	
组名	
项目	内容
沟通的需求	
解决了哪些问题	
探讨的解决方案	
给予的行动承诺	
下一步待解决问题	
沟通中自我存在的问题	

表 2－10　第二轮采购沟通总结 2

第二轮采购沟通点结				
乙方名称	比较好的方面	可以更好的方面	对销售进程的影响	点评、反馈

表2-10(续)

乙方名称	比较好的方面	可以更好的方面	对销售进程的影响	点评、反馈
甲方(我方)				

讨论笔记:____________________

____

反馈、点评、总结笔记:____________________

____

表2-11 第二轮采购沟通反馈表

<table>
<tr><td colspan="7">第二轮采购沟通反馈表</td></tr>
<tr><td>来访乙方组名</td><td colspan="6"></td></tr>
<tr><td>乙方参与岗位</td><td colspan="6"></td></tr>
<tr><td>甲方岗位</td><td colspan="6"></td></tr>
<tr><td>类别</td><td>项目</td><td>反馈内容</td><td>序号</td><td>分值</td><td>得分</td><td>关键记录与反馈</td></tr>
<tr><td rowspan="10">沟通过程</td><td rowspan="2">商务表现</td><td>仪表及肢体语言合理</td><td>1</td><td>5</td><td></td><td></td></tr>
<tr><td>时间控制合理</td><td>2</td><td>5</td><td></td><td></td></tr>
<tr><td rowspan="8">沟通内容</td><td>探讨我方关注的问题清单</td><td>3</td><td>5</td><td></td><td></td></tr>
<tr><td>通过提问了解我方概念/信息</td><td>4</td><td>10</td><td></td><td></td></tr>
<tr><td>有确认和态度征询</td><td>5</td><td>10</td><td></td><td></td></tr>
<tr><td>针对明确的问题讲述和回答</td><td>6</td><td>10</td><td></td><td></td></tr>
<tr><td>说服力强/可信度高</td><td>7</td><td>10</td><td></td><td></td></tr>
<tr><td>逻辑清晰合理/思路连贯</td><td>8</td><td>10</td><td></td><td></td></tr>
<tr><td>合理使用材料工具</td><td>9</td><td>10</td><td></td><td></td></tr>
<tr><td>沟通过程与约见理由一致</td><td>10</td><td>10</td><td></td><td></td></tr>
<tr><td rowspan="3">沟通效果</td><td rowspan="3">达成共识</td><td>需求分析准确</td><td>11</td><td>5</td><td></td><td></td></tr>
<tr><td>建议的解决方案合理</td><td>12</td><td>5</td><td></td><td></td></tr>
<tr><td>获取行动承诺</td><td>13</td><td>5</td><td></td><td></td></tr>
<tr><td colspan="4">分值合计</td><td>100</td><td></td><td></td></tr>
</table>

异议与思考：______________________________

____

老师点评记录：______________________________

____

任务情境17　制订采购决策流程

一、情境说明

在复杂销售中，甲方企业需要综合分析各供应商解决方案中的优、劣势，把控采购风险，并尊重每位采购角色的参与权，征询大家对各供应商的反馈评价，发挥其采购职能和作用，并达成共识。否则会影响在后期项目实施过程中的内部团结和配合。若无法达成一致，采购和决策流程将会变得错综复杂。因此，甲方企业需要制订一套评估需求、解决方案和供应商的标准采购流程和决策流程。

二、学习目标

应用客户态度、采购决策模型、竞争分析的学习，分析制订采购决策流程。

三、学习过程

序号	学习步骤	时间/分钟
1	阅读情境	5
2	小组讨论	15
3	课件学习	30
老师解析知识难点		10
4	在线提交“采购决策流程表”	15
点评、总结		10
时间合计		85

步骤1：阅读情境

内容在VBSE营销综合实训软件中。

步骤2：小组讨论

步骤3：课件学习

内容在VBSE营销综合实训软件中。

步骤4：在线提交“采购决策流程表”

1. 请组长组织小组成员每人静默3分钟，总结所学知识点视频内容。

2. 按顺序每人分享对所学知识点视频的理解，并分类汇总，达成共识。

3. 组长组织小组成员分工协作，共同完成并检查“采购决策流程表”（表2－12），指定小组成员录入系统，确保每一位成员理解作业并达成共识，如小组成员有异议，可以单独记录在表2－12下方。

表 2-12 采购决策流程表

采购决策流程表			
重点考察的供应商（1~3家）			
采购小组组长		采购小组成员	
决策小组组长		决策小组成员	
决策小组各成员评分权重			
项目阶段	行动类型	行动目标	动用资源
潜在阶段			
意向阶段			
立项阶段			
方案阶段			
商务阶段			
成交			

异议与思考：______________________________

____

老师点评记录：______________________________

____

2.2.3 典型任务十二 获得承诺

[典型任务说明]

获得承诺是指甲乙双方沟通后，甲方仍然存在顾虑，乙方处理甲方在采购过程中的顾虑，获得在当前销售阶段和流程范围内满足甲方采购需求和个人利益的具体行动动作。这个行动承诺是现实合理的，在甲方权限范围之内、力所能及的。一步步获得甲方一个个的行动承诺，是乙方获得甲方信任的阶梯，是甲乙双方合作的基础。

[在销售实践中的应用]

在大项目销售中，甲方往往由于种种顾虑不会轻易给乙方销售人员承诺。但顾虑和反对是有所区别的，甲方对方案、产品以及实施方面的质疑称为“反对”，而把其对组织内部和对其个人的影响的担心称为“顾虑”。甲方因为担心不敢或者不愿意做什么事情，于是就有了顾虑。顾虑的重点在于不敢和不愿意，不像反对那样，是基于客观现实的具体情况。顾虑是甲方内心深处的、源于态度和看法的，是一种无形的、个人的感觉。同时，反对意见往往来源于顾虑，因顾虑才会形成反对意见。

甲方顾虑更多源于满足采购需求过程中可能出现的风险和不确定性。人、方案、公司、需求、成本、风险等都会引起甲方的顾虑。在甲方需求没有确认的情况下，乙方不能真正知道甲方的顾虑是什么，乙方不要假设，更不要臆断。

甲方获取信息，源于个人动机，根据自己的逻辑进行思考，做出自己的判断，形成自己的态度和决定。在这一过程中，积极的部分成了认可，消极的部分成了顾虑。因此，在甲方采购过程中，及时处理自己的顾虑，使乙方获得认可和行动承诺是非常重要的一个环节。

[典型任务十二获得承诺的学习目标]

学习目标		时间/分钟
1. 应用呈现优势的流程和方法，在第三轮采购沟通中解决顾虑，使乙方获得甲方承诺。 2. 应用获得承诺的流程和方法，对第三轮客户采购沟通进行效果评估。 3. 应用对竞争策略的学习，分析制订采购策略与计划		280
情境编号	甲方	课时/分钟
18－甲	解决顾虑	195
19－甲	制订采购策略与计划	85
知识点	KP29：获得客户承诺；KP30：处理客户顾虑；KP31：关键人应对策略；KP32：资源发展与使用；KP33：竞争策略	

任务情境18　解决顾虑

一、情境说明

甲方企业通过第二轮采购沟通，对各供应商建议的解决方案优势进行考察，之后，进一步分析该解决方案会对企业和个人有什么影响，在实施过程中会有什么未知的风险，从而产生需要解决的顾虑。甲方企业在采购过程中，对供应商解决方案的顾虑有时是不明确的、无形性、未知的，需要在下一轮采购沟通中去明确和解决。所以要整理出下一步期望获得的信息和解决的问题。

二、学习目标

1. 应用第二轮采购沟通中考察供应商优势的评估结果，识别呈现优势的流程和方法，在第三轮采购沟通中解决顾虑。

2. 阐述客户顾虑与反对的表现,应用顾虑类问题和太极推手技巧处理客户顾虑。

3. 应用获得承诺的流程和方法,对第三轮采购沟通进行效果评估。

三、学习过程

序号	学习步骤	时间/分钟
1	阅读情境	5
2	小组讨论	30
3	收取“第三轮拜访预约邮件”,讨论并回复确认信息	30
4	完成练习“第三轮采购沟通准备表”	30
5	线下行动	30
6	小组讨论	10
反馈、点评、总结		20
7	课件学习	20
老师解析知识难点		10
8	在线提交“第三轮采购沟通反馈表”	10
时间合计		195

步骤1:阅读情境

内容在 VBSE 营销综合实训软件中。

步骤2:小组讨论

步骤3:收取“第三轮拜访预约邮件”,讨论并回复确认信息

在 VBSE 综合综合实训软件系统上收取“第三轮拜访预约邮件”,甲方组长组织小组成员讨论邮件内容,并回复确认信息。

步骤4:完成练习“第三轮采购沟通准备表”

请各角色成员共同完成并检查“第三轮采购沟通准备表”(表2-13),确保每一位成员理解作业并达成共识,如小组成员有异议,可以单独记录在表2-13下方。

表2-13 第三轮采购沟通准备表

第三轮采购沟通准备表	
甲方部门角色	
项目	内容
需求	

表 2-13(续)

项目	内容
问题清单	
期望提供的材料	
期望的交流对象	
期望的交流形式	
准备的提问	

异议与思考:______________________________

____

老师点评记录:______________________________

____

步骤5:线下行动

甲方组长组织小组成员分别与乙方沟通。

步骤6:小组讨论

请组长组织小组成员共同讨论并明确以下问题:

本轮沟通,你有哪些感受?供应商向我们呈现了哪些优势?是如何证明的?我们还有哪些顾虑?

步骤7:课件学习

内容在VBSE营销综合实训软件中。

步骤8:在线提交"第三轮采购沟通反馈表"

1. 请组长组织小组成员每人静默3分钟,总结所学知识点视频内容。

2. 按顺序每人分享对所学知识点视频的理解,并分类汇总,达成共识。对第三轮采购沟通进行总结,填写在表2-14和表2-15中。

3. 组长组织小组成员分工协作,共同完成并检查"第三轮采购沟通反馈表"(表2-16),指定小组成员录入系统,确保每一位成员理解作业并达成共识,如小组成员有异议,可以单独记录在表2-16下方。

表2－14 第三轮采购沟通总结1

第三轮采购沟通总结	
组名	
项目	内容
沟通的需求	
解决了哪些问题	
探讨的解决方案	
给予的行动承诺	
下一步待解决问题	
沟通中自我存在的问题	

表2－15 第三轮采购沟通总结2

第三轮采购沟通总结				
乙方名称	比较好的方面	可以更好的方面	对销售进程影响	点评、反馈

表 2-15(续)

乙方名称	比较好的方面	可以更好的方面	对销售进程影响	点评、反馈
甲方(我方)				

讨论笔记:____

____

____

反馈、点评、总结笔记:____

____

____

表 2-16　第三轮采购沟通反馈表

第三轮采购沟通反馈表						
来访乙方组名						
乙方参与岗位						
甲方岗位						
类别	项目	反馈内容	序号	分值	得分	关键记录与反馈
沟通过程	商务表现	仪表及肢体语言合理	1	5		
		时间控制合理	2	5		
	沟通内容	探讨我方关注的问题清单	3	5		
		通过提问了解我方概念/信息	4	10		
		有确认和态度征询	5	10		
		针对明确的问题讲述和回答	6	10		
		说服力强/可信度高	7	10		
		逻辑清晰合理/思路连贯	8	10		
		合理使用材料工具	9	10		
		沟通过程与约见理由一致	10	10		
沟通效果	达成共识	需求分析准确	11	5		
		建议的解决方案合理	12	5		
		获取行动承诺	13	5		
分值合计				100		

异议与思考：____

____

老师点评记录：____

____

任务情境19 制订采购策略与计划

一、情境说明

甲方企业在解决顾虑的沟通过程中，需要基于期望实现的目标和需求，以及需求实现的标准，分析已经解决了哪些顾虑，还有哪些顾虑，还需要对供应商进行哪些方面的考察，还需要与供应商的哪些角色做哪些形式的沟通，才能解除这些顾虑，并利用供应商优、劣势和竞争局势，进一步验证供应商的解决方案可行性，获取供应商的优势证明和最佳服务支持，确保最大限度地降低采购风险。此任务情境即甲方企业制订采购策略。

二、学习目标

应用对关键人应对策略、资源发展与使用、竞争策略的学习，分析制订采购策略与计划。

三、学习过程

序号	学习步骤	时间/分钟
1	阅读情境	5
2	小组讨论	15
3	课件学习	30
老师解析知识难点		10
4	在线提交“采购策略表”	15
老师点评、总结		10
时间合计		85

步骤1：阅读情境

内容在VBSE营销综合实训软件中。

步骤2：小组讨论

步骤3：课件学习

内容在VBSE营销综合实训软件中。

步骤4：在线提交“采购策略表”

1. 请组长组织小组成员每人静默3分钟，总结所学知识点视频内容。

2. 按顺序每人分享对所学知识点视频的理解，并分类汇总，达成共识。

3. 组长组织小组成员分工协作，共同完成并检查“采购策略表”（表2-17），指定小组成员录入系统，确保每一位成员理解作业并达成共识，如小组成员有异议，可以单独记录在表2-17下方。

表 2-17　采购策略表

采购策略表				
重点考察的供应商				
职务	行动顺序	行动类型	行动目标(描述)	动用资源
总经理				
企管经理				
信息经理				
采购经理				
生产经理				
财务经理				

异议与思考:______________________________

____

老师点评记录:______________________________

____

2.2.4　典型任务十三　拜访总结与评估

[典型任务说明]

拜访总结与评估是指在每次乙方销售拜访后,对基于拜访目的和行动承诺的达成情况、甲方态度等拜访效果进行评估,以分析甲方信任建立度,评估销售目标的达成机会。甲方要学习乙方如何进行拜访总结与评估，了解乙方情况。

［在销售实践中的应用］

在复杂销售中，甲方为了掌握采购过程的控制权，往往会特意让供应商两眼一抹黑，不想让供应商发觉没有机会而主动退出，从而缺少了制造供应商之间竞争、压价、备选的机会，或为了彰显公平公正及相关知识的欠缺，不能向供应商表达准确的信息。

事实证明，销售人员大多都是乐天派，对项目局势的分析和判断更多的是凭感觉。但在实际竞争激烈的复杂销售中，很多销售人员在凭感觉的盲目乐观下，即便丢单都不知道原因，或困惑于为什么在项目后期和决策前，与自己关系很好的客户开始和自己“躲猫猫”，或事后发现客户是和自己玩起了“无间道”。

因此，在甲乙双方采购沟通过程中，受到多种因素影响和制约，乙方销售人员会得到许多错误信息，这是无法避免的。而信息是策略的雷达，所以不管甲方什么人就什么事情所说的话，乙方都不可过于轻信，要坚持对每次销售拜访效果和不同来源收集的信息彼此对照，进而分析“机会”和甲方信任度，判断是否在每次拜访中顺利达成了拜访目的，获得有效承诺，从而一步步搭建通向成功的阶梯。基于此，甲方在采购沟通过程中进行项目风险分析是十分必要的。

［典型任务十三拜访总结与评估的学习目标］

学习目标		时间/分钟
学习乙方如何应用拜访总结与评估的标准和方法，结合与客户的前三次沟通结果，评估客户信任建立情况，进行销售机会评估。甲方进行项目风险分析		55
情境编号	甲方	
20－甲	项目风险分析	
知识点	KP34：拜访评估	

任务情境20　项目风险分析

一、情境说明

甲方企业在采购过程中，在与乙方就问题和需求进行沟通确认后，需要对问题和需求，以及探讨的解决方案进行可行性及风险分析，以评估确定解决问题的策略。此任务情境即甲方企业做项目风险分析。

二、学习目标

1. 应用对拜访总结与评估方法的学习，通过问题清单对供应商提供的信息进行评估，做项目风险分析。

2. 识别客户信任与不信任的表现，并运用可赢得客户信任的主要途径和方法，获得客户信任。

三、学习过程

序号	学习步骤	时间/分钟
1	阅读情境	5
2	小组讨论	15
3	课件学习	10
老师解析知识难点		10
4	完成练习“项目风险分析表”	15
时间合计		55

步骤1:阅读情境

内容在VBSE营销综合实训软件中。

步骤2:小组讨论

步骤3:课件学习

内容在VBSE营销综合实训软件中。

步骤4:完成练习“项目风险分析表”

1. 请组长组织小组成员每人静默3分钟,总结所学知识点视频内容。

2. 按顺序每人分享对所学知识点视频的理解,并分类汇总,达成共识。

3. 组长组织小组成员分工协作,共同完成并检查“项目风险分析表”(表2-18),确保每一位成员理解作业并达成共识,如小组成员有异议,可以单独记录在表2-18下方。

表2-18 项目风险分析表

项目风险分析表							
需求部门经理	期望实现	需求内容	需求标准	预算	优先供应商	待考察内容	未知风险
总经理							
企管经理							
信息经理							

表2－18(续)

需求部门经理	期望实现	需求内容	需求标准	预算	优先供应商	待考察内容	未知风险
采购经理							
生产经理							
财务经理							
销售经理							

异议与思考:____

____

老师点评记录:____

____

2.2.5 典型任务十四 关键人拜访

[典型任务说明]

关键人拜访是指在复杂销售中后期扬长补短、绝地反击,期望通过后续的销售拜访,巩固优势,缩短劣势,弥补项目前期所暴露的问题,寻求能影响决策的关键者认可和支持的环节。关键人拜访中最重要的是高层拜访,高层拜访是指在复杂销售中,接触实权人物,面向“总”字头的高层人物销售,并获得支持和认可。销售人员无法将产品销售给无决策权的角色。甲方要学习乙方如何拜访关键人物,掌握乙方销售技巧,更好地评估不同乙方(供应商)。

[在销售实践中的应用]

当项目进行到中后期时,乙方经过前期与甲方拜访沟通的效果,甲方态度判断及竞争局势分析，此时不同乙方的竞争优、劣势基本已经比较明显，各供应商的心态会有不同的变化，或洋洋得意，或想赢怕输，或激进行事。所以此时甲方更需要谨小慎微，分析乙方还有哪些关键人没有覆盖到，进行供应商评估。

在大项目采购中，甲方会为了控制采购风险，体现民主，从而成立采购委员会这样的项目小组，但不是每个成员的投票都拥有相同的分值，即有些选票要比其他选票更重要。因为一个采购委员会经常无法形成一致的意见，而且也缺少一套解决分歧的明确办法。甲方各采购角色的权力、相互之间的政治关系、对高层的影响力程度，都会不同程度地决定一个角色的意见对决策结果的影响程度。因此，乙方会根据甲方采购委员会的意见和决策进行关键人拜访。

［典型任务十四关键人拜访的学习目标］

<table>
<tr><th colspan="2">学习目标</th><th>时间/分钟</th></tr>
<tr><td colspan="2">学习乙方如何根据拟订的销售行动计划表，进行最后两次客户拜访，验证竞争策略和行动计划的有效性，获得关键决策影响者的认可和支持，建立竞争优势。甲方对供应商进行评估</td><td rowspan="3">305</td></tr>
<tr><td>情境编号</td><td>甲方</td></tr>
<tr><td>21－甲</td><td>评估供应商</td></tr>
<tr><td>知识点</td><td colspan="2">KP35:高层拜访</td></tr>
</table>

任务情境21　评估供应商

一、情境说明

甲方经过前期沟通，此阶段在对期望实现的目标，关键成功要素，项目需求，各供应商优、劣势已经有了相对清晰判断的基础上，更侧重关注项目实施风险，并需要在本轮沟通中明确保障项目实施成功的措施和有利证明，同时，需要尊重高层的意见，在了解高层对目标、关键成功要素的要求，以及对解决方案、供应商的意见和态度倾向后，需要在最后一轮采购沟通中，针对相关高层关注的问题制订对供应商的竞争性评估策略和沟通需求。

二、学习目标

根据制订的采购策略，进行第四、五轮采购沟通，评估供应商优、劣势。

三、学习过程

序号	学习步骤	时间/分钟
1	阅读情境	5
2	小组讨论	30
3	收取“第四轮拜访预约邮件”，讨论并回复确认信息	30
4	完成练习“第四轮采购沟通准备表”	5

序号	学习步骤	时间/分钟
5	线下行动	30
6	小组讨论	15
7	在线提交“第四轮采购沟通反馈表”	10
8	小组讨论	30
9	收取“第五轮拜访预约邮件”,讨论并回复确认信息	30
10	完成练习“第五轮采购沟通准备表”	30
11	线下行动	30
12	小组讨论	10
反馈、点评、总结		20
13	课件学习	10
老师解析知识难点		10
14	在线提交“第五轮采购沟通反馈表”	10
时间合计		305

步骤 1:阅读情境

内容在 VBSE 营销综合实训软件中。

步骤 2:小组讨论

步骤 3:收取“第四轮拜访预约邮件”,讨论并回复确认信息

甲方组长组织组员讨论“第四轮拜访预约邮件”,在 VBSE 营销综合实训软件中回复确认信息。

步骤 4:完成练习“第四轮采购沟通准备表”

请各角色成员共同完成并检查“第四轮采购沟通准备表”(表 2－19),确保每一位成员理解作业并达成共识,如小组成员有异议,可以单独记录在表 2－19 下方。

表 2－19　第四轮采购沟通准备表

第四轮采购沟通准备表	
甲方部门角色	
项目	内容
需求	
问题清单	

表 2-19(续)

项目	内容
期望提供的材料	
期望的交流对象	
期望的交流形式	
准备的提问	

步骤5:线下行动

请被拜访角色在此环节完成与各个供应商的第四轮沟通。

步骤6:小组讨论

请组长组织小组成员共同讨论,并明确以下问题:

本轮沟通,你有哪些感受?供应商向我们呈现了哪些优势?解决了哪些顾虑?是如何证明的?

讨论笔记:____

____

____

步骤7:在线提交“第四轮采购沟通反馈表”

1. 请组长组织小组成员每人静默3分钟,总结所学知识点视频内容。

2. 按顺序每人分享对所学知识点视频的理解,并分类汇总,达成共识。

3. 组长组织小组成员分工协作,共同完成并检查“第四轮采购沟通反馈表”(表2-20),指定小组成员录入系统,确保每一位成员理解作业并达成共识,如小组成员有异议,可以单独记录在表2-20下方。

表 2-20 第四轮采购沟通反馈表

第四轮采购沟通反馈表	
来访乙方组名	
乙方参与岗位	
甲方岗位	

表2-20(续)

类别	项目	反馈内容	序号	分值	得分	关键记录与反馈
沟通过程	商务表现	仪表及肢体语言合理	1	5		
		时间控制合理	2	5		
	沟通内容	探讨我方关注的问题清单	3	5		
		通过提问了解我方概念/信息	4	10		
		有确认和态度征询	5	10		
		针对明确的问题讲述和回答	6	10		
		说服力强/可信度高	7	10		
		逻辑清晰合理/思路连贯	8	10		
		合理使用材料工具	9	10		
		沟通过程与约见理由一致	10	10		
沟通效果	达成共识	需求分析准确	11	5		
		建议的解决方案合理	12	5		
		获取行动承诺	13	5		
分值合计				100		

异议与思考:____

____

老师点评记录:____

____

步骤8:小组讨论

步骤9:收取“第五轮拜访预约邮件”,讨论并回复确认信息

甲方组长组织组员讨论“第五轮拜访预约邮件”,在VBSE营销综合实训软件中回复确认信息。

步骤10:完成练习“第五轮采购沟通准备表”

请各角色成员共同完成并检查“第五轮采购沟通准备表”(表2-21),确保每一位成员理解作业并达成共识,如小组成员有异议,可以单独记录在表2-21下方。

表2-21 第五轮采购沟通准备表

第五轮采购沟通准备表	
甲方部门角色	
项目	内容
需求	

表 2－21(续)

项目	内容
问题清单	
期望提供的材料	
期望的交流对象	
期望的交流形式	
准备的提问	

异议与思考:______________________________

____

老师点评记录:______________________________

____

步骤 11:线下行动

请被拜访角色在此环节完成与各个供应商的第五轮沟通。

步骤 12:小组讨论

请组长组织小组成员共同讨论(填写表 2－22 和表 2－23),并明确以下问题:

本轮沟通,你有哪些感受?供应商向我们呈现了哪些优势?解决了哪些顾虑?是如何证明的?

表 2－22　第五轮采购沟通总结 1

第五轮采购沟通总结	
组名	
项目	内容
沟通的需求	
解决了哪些问题	

表2-22(续)

项目	内容
探讨的解决方案	
给予的行动承诺	
下一步待解决问题	
沟通中自我存在的问题	

表2-23　第五轮采购沟通总结2

第五轮采购沟通总结				
乙方名称	比较好的方面	可以更好的方面	对销售进程的影响	点评、反馈
甲方(我方)				

讨论笔记：________________

____

____

反馈、点评、总结笔记：________________

____

____

步骤13：课件学习

步骤14：在线提交“第五轮采购沟通反馈表”

1. 请组长组织小组成员每人静默3分钟，总结所学知识点视频内容。

2. 按顺序每人分享对所学知识点视频的理解，并分类汇总，达成共识。

3. 组长组织小组成员分工协作，共同完成并检查"第五轮采购沟通反馈表"（表2－24），指定小组成员录入系统，确保每一位成员理解作业并达成共识，如小组成员有异议，可以单独记录在表2－24下方。

表2－24　第五轮采购沟通反馈表

第五轮采购沟通反馈表						
来访乙方组名						
乙方参与岗位						
甲方岗位						
类别	项目	反馈内容	序号	分值	得分	关键记录与反馈
沟通过程	商务表现	仪表及肢体语言合理	1	5		
		时间控制合理	2	5		
	沟通内容	探讨我方关注的问题清单	3	5		
		通过提问了解我方概念/信息	4	10		
		有确认和态度征询	5	10		
		针对明确的问题讲述和回答	6	10		
		说服力强/可信度高	7	10		
		逻辑清晰合理/思路连贯	8	10		
		合理使用材料工具	9	10		
		沟通过程与约见理由一致	10	10		
沟通效果	达成共识	需求分析准确	11	5		
		建议的解决方案合理	12	5		
		获取行动承诺	13	5		
分值合计				100		

异议与思考：____

____

老师点评记录：____

____

2.3　甲方方案制作与呈现

［任务说明］

解决方案是针对甲方某些已经体现出的或者可以预期的问题、不足、缺陷和需求等，乙方所提出的整体解决问题的方案（建议书、计划表），应确保该方案有效执行。在项目型销售中，解决方案是对前期工作的总结，必须有明确的对象，或者施行的范围和领域。在制作解决方案和呈现的过程中，乙方不仅要清晰把握甲方问题和整体需求，而且要分析关键决策人和部门的需求并给予响应，同时必须考虑我们的目标客户和以往客户之间的差异，真正创造双赢。

［在销售实践中的应用］

在制作解决方案和呈现的过程中，乙方不仅要清晰把握甲方问题和整体需求，而且要分析关键决策人和部门的需求并给予响应，同时必须考虑我们的目标客户和以往客户之间的差异，避免经验主义造成对客户某些需求的忽视，以及需求背后具体的问题和原因，从而避免解决方案无法获得客户认可的后果，因为，即便是同样的需求，不同的客户企业，其需求背后的问题和原因也会有所不同，这样才能把项目前期工作中积累的优势转化为胜势，实现销售目标。

［该任务的学习目标］

甲方方案制作与呈现的学习目标	所含典型任务		课时/分钟
	任务号	典型任务名称	
1. 了解解决方案的内容架构，根据解决方案标准模板和实际客户需求，撰写解决方案。 2. 应用解决方案呈现技巧，呈现解决方案	十五	需求汇总与分析	50
	十六	解决方案撰写	135
	十七	方案呈现准备	60
	十八	解决方案呈现	155

2.3.1 典型任务十五 需求汇总与分析

［典型任务说明］

需求汇总与分析是指在提交解决方案之前，就甲乙双方经过沟通，达成的需要实现的目标和需求的共识进行汇总、分析和确认。

［在销售实践中的应用］

在大项目销售中，为了防止甲乙双方对需求的遗漏和相互理解偏差，在提交解决方案之前，甲乙双方就期望实现的目标和需求的沟通，大多是就各业务部门的目标和需求的交流，最后需要进行全面的汇总、分析和梳理，形成统一的组织目标和需求；并且罗列详细清单，逐一明确具体可量化的目标和需求，对期望实现的目标和需求的重要性进行排序，确保理解一致，并体现在解决方案中。

[典型任务十五需求汇总与分析的学习目标]

<table>
<tr><td colspan="2">学习目标</td><td>时间/分钟</td></tr>
<tr><td colspan="2">应用与乙方在前五轮拜访中获得的信息,梳理目标和需求</td><td rowspan="3">50</td></tr>
<tr><td>情境编号</td><td>甲方</td></tr>
<tr><td>22 - 甲</td><td>目标和需求梳理</td></tr>
</table>

任务情境22　目标和需求梳理

一、情境说明

甲方企业在完成与各供应商就企业问题、目标、需求的共同探讨和达成共识后,需要进一步进行内部综合分析和梳理,明确期望通过采购项目的解决方案实现的需求。此情境任务即为甲方企业明确方案需求。

二、学习目标

应用与供应商的五轮采购沟通的结果,梳理期望通过 ERP 实现的目标和需求。

三、学习过程

序号	学习步骤	时间/分钟
1	阅读情境	5
2	小组讨论	30
3	完成练习"目标和需求汇总表"	15
时间合计		50

步骤1:阅读情境

内容在 VBSE 营销综合实训软件中。

步骤2:小组讨论

步骤3:完成练习"目标和需求汇总表"

请组长组织小组成员共同完成并检查"目标和需求汇总表"(表2-25),确保每一位成员理解作业并达成共识,如小组成员有异议,可以单独记录在表2-25下方。

表2-25　目标和需求汇总表

目标和需求表	
目标	企业级目标： 部门级目标：
产品/服务/解决方案	企业级需求： 部门级需求：
需求/技术标准	企业级关注： 部门级关注：
关系及合作需求	企业级关注： 部门级关注：

异议与思考：________________________________

____

老师点评记录：______________________________

____

2.3.2　典型任务十六　解决方案撰写

［典型任务说明］

解决方案撰写是指将和客户共同探讨确认的全部企业问题、目标、需求，与公司产品及服务进行链接，形成整体解决方案。

［在销售实践中的应用］

解决方案一般是指在客户明确采购目标，进行采购立项后，由供应商向客户提供的书面报告。解决方案的设计和制作是一项系统的工作。解决方案的撰写要以客户为中心，紧贴客户企业的战略目标分析和绩效指标落地，需要汇总分析前期多项工作中与客户交流和引导的结果，包括战略目标和绩效指标的理解分析、问题和原因调研、需求确认、产品应用、技术标准、实施规划、风险保障等方面。

切忌将解决方案变成自己公司的产品功能说明书！

［典型任务十六解决方案撰写的学习目标］

<table>
<tr><th colspan="2">学习目标</th><th>时间/分钟</th></tr>
<tr><td colspan="2">了解解决方案制作的标准、内容架构，根据解决方案标准模板和实际客户需求，撰写解决方案</td><td rowspan="3">135</td></tr>
<tr><td>情境编号</td><td>甲方</td></tr>
<tr><td>23－甲</td><td>供应商关键指标对比</td></tr>
<tr><td>知识点</td><td colspan="2">KP36：解决方案销售</td></tr>
</table>

任务情境23　供应商关键指标对比

一、情境说明

甲方企业在采购过程中，需要基于采购标准和供应商优、劣势分析，进一步将供应商满足采购标准的关键指标进行对比。

二、学习目标

应用梳理、汇总的目标和需求，以及对供应商的优、劣势分析，进行供应商关键指标对比。

三、学习过程

序号	学习步骤	时间/分钟
1	阅读情境	5
2	小组讨论	15
3	课件学习	10
老师解析知识难点		15
4	完成练习“供应商关键指标对比表”	90
时间合计		135

步骤1:阅读情境

内容在VBSE营销综合实训软件中。

步骤2:小组讨论

步骤3:课件学习

内容在VBSE营销综合实训软件中。

步骤4:完成练习"供应商关键指标对比表"

1. 请组长组织小组成员每人静默3分钟,总结所学知识点视频内容。

2. 按顺序每人分享对所学知识点视频的理解,并分类汇总,达成共识。

3. 组长组织小组成员分工协作,共同完成并检查"供应商关键指标对比表"(表2-26),确保每一位成员理解作业并达成共识,如小组成员有异议,可以单独记录在表2-26下方。

表2-26 供应商关键指标对比表

供应商关键指标对比表				
关键指标	关键指标内容	优先满足的供应商	不能满足的供应商	重要性占比
供应链系统				
财务系统				
实施与服务				
软件技术标准				
顾问专家能力				
战略合作关系				

异议与思考:____

____

老师点评记录:____

____

2.3.3 典型任务十七　方案呈现准备

［典型任务说明］

方案呈现准备是指乙方面向甲方所做的方案呈现的准备工作，具体内容主要包括：解决方案撰写、解决方案的呈现策略、演讲技巧的应用等内容。甲方学习乙方如何进行方案呈现准备，了解不同乙方销售流程，拟订方案评审策略。

［在销售实践中的应用］

方案呈现是乙方向甲方展示优势与价值的重要手段，同时也是双方项目推进过程中的一个重要里程碑。在实践当中，乙方团队要充分利用前期沟通的成果，多角色参与，力求准确描述客户的需求并详述如何解决，进而向甲方传递所得到的价值溢价。而解决方案能否准确、清晰地将上述内容传递给甲方，需要乙方拟订呈现的策略，以期强化优势、弱化劣势，并提醒甲方重视其存在的问题，引发甲方思考，强化解决方案带给甲方的价值，从而赢得甲方认可。基于此，甲方有必要在乙方解决方呈现之前，对乙方的解决方案呈现设立评审小组，针对自己在采购中关注的问题，拟订方案评审策略，有针对性地了解不同乙方的方案。

［典型任务十七方案呈现准备的学习目标］

<table>
<tr><th colspan="2">学习目标</th><th>时间/分钟</th></tr>
<tr><td colspan="2">学习乙方如何应用解决方案呈现技巧，拟订方案呈现策略。甲方拟订方案评审策略</td><td rowspan="3">60</td></tr>
<tr><td>情境编号</td><td>甲方</td></tr>
<tr><td>24－甲</td><td>拟订方案评审策略</td></tr>
<tr><td>知识点</td><td colspan="2">KP37：演讲呈现技巧</td></tr>
</table>

任务情境24　拟订方案评审策略

一、情境说明

在甲方的采购过程中，需求从模糊到清晰，而对供应商的判断会从理性变得感性，在产品同质化严重趋同的形势下，甚至甲方的某些采购小组成员会做出倾向于优选对供应商有利的采购标准和策略。此时就需要拟订一个统一的方案评审标准和策略来平衡内部的意见，求同存异，相对公正地选出最优的供应商。甲方需要在此环节，组织安排方案评审小组的成员，拟订在评审环节由谁就某一领域的问题做出发问，并协商是否需要外部评审专家参与，以尽量控制风险。

二、学习目标

应用演讲呈现技巧，制订方案评审策略。

三、学习过程

序号	学习步骤	时间/分钟
1	阅读情境	5
2	小组讨论	15
3	课件学习	10
老师解析知识难点		10
4	完成练习“方案评审策略表”	20
时间合计		60

步骤1:阅读情境

内容在VBSE营销综合实训软件中。

步骤2:小组讨论

步骤3:课件学习

内容在VBSE营销综合实训软件中。

步骤4:完成练习“拟定方案评审策略表”

1. 请组长组织小组成员每人静默3分钟,总结所学知识点视频内容。

2. 按顺序每人分享对所学知识点视频的理解,并分类汇总,达成共识。

3. 组长组织小组成员分工协作,共同完成并检查“方案评审策略表”(表2-27),确保每一位成员理解作业并达成共识,如小组成员有异议,可以单独记录在表2-27下方。

表2-27 方案评审策略表

方案评审策略表	
方案评审小组成员	
供应商名称	评审策略
	准备的提问及提问人顺序:
	准备的提问及提问人顺序:
	准备的提问及提问人顺序:

表 2-27(续)

供应商名称	评审策略
	准备的提问及提问人顺序：
	准备的提问及提问人顺序：
	准备的提问及提问人顺序：

异议与思考：______________________________

____

老师点评记录：______________________________

____

2.3.4 典型任务十八 解决方案呈现

[典型任务说明]

方案呈现是大项目销售过程中非常重要且必不可少的环节;是对前期考察供应商优、劣势,以及对沟通的目标、需求、解决方案、价值的一次总体评估;是供应商通过讲解、演示、讨论等方式向甲方采购小组展现公司产品、技术与服务等方面的能力和优势的重要途径,并且通过提问回答、交流使甲方进一步清晰了解乙方方案的功能和优势。乙方完整地展现自己的呈现目标,通过团队分工和配合控制呈现过程,并解答对方疑义;甲方可以根据供应商的方案呈现,评价供应商的解决方案与采购计划和目标的契合程度,确定最符合企业采购需求和计划的供应商与解决方案。

[在销售实践中的应用]

方案呈现一般是在供应商经过调研、沟通,和甲方确认最终采购计划和采购需求,并由供应商制订出解决方案后,由供应商正式向甲方描述产品和服务的特性、优势和利益,以及销售、实施计划和专业性建议。其结果是使客户逐渐树立并强化对我们提供的产品、解决方案和服务的个人信念,最终转化为对我们产品的最终诉求。

通过方案呈现,乙方可以向客户展示他们根据客户需求所确定的初步解决方案,消除客户对方案的误解,获得客户,特别是同客户确认需求结构是否存在问题,若存在问题则进行调整,使其采购计划和标准向有利于我们的方向发展。因此,在方案呈现之前,供应商必须充分考虑自己在客户购买项目中的形势、产品与客户需求之间的差异,确定方案呈现的内容和策略,引导客户认可所提供的解决方案。

在实际大项目销售中后期,当参与的供应商还超过3家时,往往甲方企业经常通过方案呈现和评审来筛选进入下一阶段的乙方，再进行进一步考察和评估。

［典型任务十八解决方案呈现的学习目标］

<table>
<tr><th colspan="2">学习目标</th><th>时间/分钟</th></tr>
<tr><td colspan="2">学习乙方如何应用方案呈现策略，进行解决方案呈现。甲方对乙方方案进行评审</td><td rowspan="3">155</td></tr>
<tr><td>情境编号</td><td>甲方</td></tr>
<tr><td>25－甲</td><td>方案评审</td></tr>
</table>

任务情境25 方案评审

一、情境说明

在方案评审之前，甲方已经根据企业的采购期望和购买需求制订了供应商解决方案评审策略。在方案评审过程中，甲方需要根据供应商的呈现过程及内容，确定其解决方案的功能，价值及优、劣势。

二、学习目标

应用方案评审策略，进行解决方案汇报评审。

三、学习过程

<table>
<tr><th>序号</th><th>学习步骤</th><th>时间/分钟</th></tr>
<tr><td>1</td><td>阅读情境</td><td>5</td></tr>
<tr><td>2</td><td>小组讨论</td><td>15</td></tr>
<tr><td>3</td><td>方案评审</td><td>90</td></tr>
<tr><td>4</td><td>小组讨论</td><td>15</td></tr>
<tr><td colspan="2">反馈、点评、总结</td><td>20</td></tr>
<tr><td>5</td><td>在线提交“方案呈现反馈表”</td><td>10</td></tr>
<tr><td colspan="2">时间合计</td><td>155</td></tr>
</table>

步骤1：阅读情境

内容在VBSE营销综合实训软件中。

步骤2：小组讨论

步骤3：方案评审

内容在VBSE营销综合实训软件中。

步骤4：小组讨论

步骤5：在线提交“方案呈现反馈表”

请组长组织小组成员共同完成并检查在线系统里的“方案呈现反馈表”，指定小组成员录入系统,确保每一位成员对作业理解并达成共识,如小组成员有异议,可单独记录在下面。

异议与思考:____

____

____

2.3.5 参考示例

任务情境25 方案评审

ERP财务管理与供应链采购项目解决方案呈现评价原则

销 售 方:____________________

得分排名:____________________ 最终得分:____________________

项目	分值	实际得分
解决方案目标明晰、与问题契合	15	
内容完整,思路清晰,分析透彻、细致,有逻辑性	15	
问题界定准确、切合实际,符合采购方采购需求,能够解决采购方供应链和财务管理问题	20	
解决方案策略运用恰当、具备可行性	15	
文字编排工整,格式符合要求,无错别字,PPT 制作精美	15	
解决方案呈现过程表达富有感染力、语言流畅,仪表大方,符合商务礼仪规范	20	
分值合计	100	

评价方:采购方(××童车制造有限公司)

2.4 甲方招标和投标

[任务说明]

招标和投标也简称招投标,是指甲方企业根据项目目标和采购需求,说明采购的商品名称、规格、数量及其他条件,即制订招标参数和招标书,向社会公开或向参与该项目采购的供应商发送招标通知,邀请乙方在规定的时间、地点按照一定的程序进行应标和投标的过程。也有些企业通过招标代理公司完成以上过程。

［在销售实践中的应用］

招投标已经是目前社会企业完成大项目采购交易的关键环节和惯例，依据企业采购制度和《中华人民共和国招标投标法》，规避采购风险，是体现公平、公正、公开原则的重要手段。

［该任务的学习目标］

甲方招标与投标的学习目标	所含典型任务		课时/分钟
	任务号	典型任务名称	
1. 了解招标与投标的流程和方法，招投标文件标准、内容，以及相关招投标的过程管理与控制。 2. 根据招投标文件模板，完成招投标文件，并封装和现场招投标	十九	制订标准参数	80
	二十	发标与应标	90
	二十一	投标与评标	60

2.4.1 典型任务十九 制订标准参数

［典型任务说明］

制订标准参数是指在招投标文件中，甲方制订用以竞争性评估乙方的参数（条款、条件、要求等），乙方在投标文件中匹配以获得竞争优势的参数。

［在销售实践中的应用］

在实际大项目销售中，乙方在销售沟通过程中，正式开始招投标前，获得竞争优势或被甲方有倾向性选择的乙方，会和乙方一起制订招投标的参数，用以屏蔽竞争对手。

［典型任务十九制订标准参数的学习目标］

学习目标		时间/分钟
根据招投标书标准模板里的招投标参数表、实际项目需求和采购标准，制订招投标参数		80
情境编号	甲方	
26－甲	制订招标参数	
知识点	KP38：招投标流程；KP39：招标文件准备；KP40：投标文件准备	

任务情境26 制订招标参数

一、情境说明

甲方制订招标参数，通常包含供应商资质、功能或需求标准、技术标准、服务标准、团队资历等。

二、学习目标

根据招标书标准模板里的招标参数表,应用供应商关键指标对比、实际项目需求和采购标准,制订招标参数。

三、学习过程

序号	学习步骤	时间/分钟
1	阅读情境	5
2	小组讨论	15
3	课件学习	20
老师解析知识难点		10
4	完成练习“招标参数表”	30
时间合计		80

步骤1:阅读情境

内容在VBSE营销综合实训软件中。

步骤2:小组讨论

步骤3:课件学习

内容在VBSE营销综合实训软件中。

步骤4:完成“招标参数表”

1. 请组长组织小组成员每人静默3分钟,总结所学知识点视频内容。

2. 按顺序每人分享对所学知识点视频的理解,并分类汇总,达成共识。

3. 组长组织小组成员分工协作,共同完成并检查《招标书》里的“招标参数表”,确保每一位成员理解作业并达成共识,如小组成员有异议,可单独记录在下面。

异议与思考:____

____

____

2.4.2 典型任务二十　发标与应标

[典型任务说明]

发标与应标是在甲方撰写好招标书后,根据招标方式的不同,通过相应渠道发布招标通知,乙方根据招标内容,分析判断是否应标的过程。

[在销售实践中的应用]

在大项目销售中,通常甲方在有了前期的项目立项,和相关候选供应商进行了需求、采购标准的沟通,甲方有了相应的倾向性选择后才会进行发标。因此,乙方在收到招标通知时,需要认真分析是否去投标。若不去投标,也需要对甲方进行礼貌的公函回复,表示感谢和歉意。

［典型任务二十发标与应标的学习目标］

学习目标		时间/分钟
根据招投标书标准模板,制作招标书和投标书,并应用招标过程管理和投标过程控制,进行发标和应标		90
情境编号	甲方	
27－甲	发标	
知识点	KP41:招标过程管理;KP42:投标过程控制;KP43:报价策略	

任务情境27　发标

一、情境说明

发标是指甲方撰写好招标书后,根据招标方式的不同,即公开招标、邀请招标和议标,通过相应渠道发布招标通知。

二、学习目标

根据招标书标准模板,制作招标书,并应用招标过程管理,进行发标。

三、学习过程

序号	学习步骤	时间/分钟
1	阅读情境	5
2	小组讨论	15
3	课件学习	20
老师解析知识难点		10
4	在线发送《招标书》,完成“标书评分表”	40
时间合计		90

步骤1:阅读情境

内容在VBSE营销综合实训软件中。

步骤2:小组讨论

步骤3:课件学习

内容在VBSE营销综合实训软件中。

步骤4:在线发送《招标书》,完成“标书评分表”

1. 请组长组织小组成员每人静默3分钟,总结所学知识点视频内容。

2. 按顺序每人分享对所学知识点视频的理解,并分类汇总,达成共识。

3. 组长组织小组成员分工协作,共同完成并检查“标书评分表”,用于商务谈判后评选中标供应商,确保每一位成员理解作业并达成共识。

4. 若乙方对标书存在疑问,向乙方做出答疑或招标书补充说明。

异议与思考：____

____

____

2.4.3 典型任务二十一 投标与评标

[典型任务说明]

投标与评标是乙方根据甲方招标书的要求，撰写投标书，准备相关投标资料和文件并封装投标文件包，然后递交给甲方，甲方对乙方的投标文件包按照招标要求，进行检核，公开拆包、评审标书的过程。

[在销售实践中的应用]

在实际大项目采购的招投标中，若甲乙双方中任何一方，由于没有严格按照招投标要求操作，会导致甲方废标进而需要重新招标；或者某失误的乙方使自己失去投标资格。

[典型任务二十一投标与评标的学习目标]

学习目标		时间/分钟
根据投标书标准模板，制作投标书，并完成现场投标和评标		60
情境编号	甲方	
28－甲	评标	

任务情境28 评标

一、情境说明

评标是甲方收到乙方的投标书后，由评审小组成员按照招标参数和投标要求进行评审，评选出进入商务谈判环节的供应商或最终中标的供应商。

二、学习目标

阅读投标书，制订并应用标书评分表，完成评标。

三、学习过程

序号	学习步骤	时间/分钟
1	阅读情境	5
2	投标现场准备	15
3	现场开标、答疑	30
小组讨论、反馈、点评、总结		10
时间合计		60

步骤1:阅读情境

请阅读以下情境,并明确本情境任务。

新的一周又开始了,今天是××公司接收供应商投标的日子。

工作人员在签收了各供应商封装的标书后,交由评标委员会进行评标……

情景任务:根据《投标现场开标流程》,组织现场投标会,对乙方投递的标书进行现场开标与答疑。

阅读笔记:______________________________

____

步骤2:投标现场准备

根据《投标现场开标流程》,对投标现场工作流程内容进行分工准备。

讨论笔记:______________________________

____

____

步骤3:现场开标、答疑

在此环节,请甲方根据《投标现场开标流程》,组织现场投标会,对乙方投递的标书进行现场开标、阅读投标书,对存在的疑问,要求乙方做出相应解答。

现场笔记:______________________________

____

点评、总结笔记:______________________________

____

____

2.4.4 参考示例

任务情境26 制订招标参数

竞争性谈判公告

项目编号:BLTC[2018]0023

1. 招标条件

本招标项目为××童车制造有限公司升级项目,采购人为××童车制造有限公司。项目已具备招标条件,现对该项目进行国内竞争性谈判招标。

2. 项目概况与招标范围

2.1 项目名称:××童车制造有限公司升级项目。

2.2 资金性质:企业资金(ERP供应链管理与财务管理软件)。

2.3 建设地点:××童车制造有限公司。

2.4 招标范围:完成上述项目施工图纸及工程量清单范围内自项目实施、调试、竣工验收、交付使用、至后期维保等所包含的所有工作内容。

2.5 计划工期:签订合同后15天内竣工。

2.6 质量标准:符合国家现行执行及行业执行的质量验收合格标准。

3. 投标人资格要求

3.1 拟参加本项目投标的潜在投标人应具备《中华人民共和国政府采购法》第二十二条供应商资格条件。

3.2 本次招标要求投标人：

(1)投标人应同时具备：在人员、设备、资金等方面具备相应的施工能力；且必须是在中华人民共和国境内注册的具有独立法人资格的法人及其他组织，具有有效的企业法人营业执照，同时提供营业执照(非社会统一信用代码企业还需提供组织机构代码证和税务登记证)、基本账户开户许可证。

(2)法定代表人身份证(复印件)。

(3)法定代表人授权书(法定代表人签字并加盖公章)。

(4)授权代表身份证(复印件、原件)。

3.3 法定代表人为同一人的两个及两个以上法人，母公司、全资子公司及其控股公司，都不得在同一项目招标中同时投标。与招标人存在利害关系可能影响招标公正性的法人、其他组织或者个人，不得参加投标；单位负责人为同一人或者存在控股、管理关系的不同单位，不得同时参加同一标段投标或者未划分标段的同一招标项目投标(均以投标登记的先后顺序为准)。

3.4 参加本项目投标活动的必须是法定代表人或授权委托代理人。法定代表人或授权委托代理人必须按照要求参加所有招标、投标活动，包括但不限于投标登记、答疑会(如有)、任一阶段的开标会、资格审查等。投标企业不得委派其他人以投标代理人的名义代替投标，否则投标无效。

3.5 本次招标不接受联合体投标。

4. 资格审查方式

本工程采用资格后审方式，主要资格审查标准和内容详见招标文件，只有资格审查合格的投标申请人才有可能被授予合同。

5. 投标登记及获取招标文件

5.1 凡有意参加投标者，请投标人的法定代表人或授权委托代理人到场进行投标登记，请于2018年05月26日至2018年06月26日(法定公休日、法定节假日除外)，每日上午9:00时至11:30时，下午14:00时至16:00时(北京时间，下同)，××童车制造有限公司进行投标登记，以便获取招标文件，逾期不予受理。

5.2 招标文件售价300元/包，售后不退。

5.3 邮购招标文件的，需另加手续费(含邮费)100元。招标人在收到邮购款(含手续费)后2日内寄送。

5.4 潜在投标人必须是法定代表人或授权委托代理人到场进行投标登记，投标登记时需携带以下材料原件及复印件(复印件须加盖投标人公章)，不接受任何公证文件：

(1)投标登记表(在××童车制造有限公司网站下载)；

(2)法定代表人身份证(复印件)；

(3)法定代表人授权书(法定代表人签字并加盖公章)；

(4)授权代表身份证；

(5)营业执照副本；

(6)企业组织机构代码证及税务登记证(多证合一的除外);

(7)基本账户开户许可证;

(8)资质证书副本(资质证书可以提供加盖投标人公章、法人或授权委托代理人签字的复印件,但企业资质情况通过扫描建筑企业资质证书复印件的二维码无法查询或查询有误的,其投标将被否决)。

潜在投标人应对所提供材料的合法性、真实性、完整性负责。

6. 投标文件的递交

6.1 投标文件递交的截止时间(投标截止时间,下同)详见招标文件。

6.2 逾期送达的或者未送达指定地点的投标文件,招标人不予受理。

7. 发布公告的媒介

中国政府采购网、黑龙江省政府采购网及中国招标投标公共服务平台。

8. 其他

8.1 潜在投标人应对所登记内容的合法性、真实性、完整性、准确性、及时性,以及由此可能引发的一切后果负全责。

8.2 投标人或者其他相关利害关系人认为本项目招标公告、招标文件内容违法、不当的或招标投标活动不符合法律法规规定的,应按中华人民共和国财政部令第94号《政府采购质疑和投诉办法》相关规定,进行书面说明。投标人或者其他相关利害关系人在本项目招标投标活动中如出现串通投标、以他人名义或弄虚作假投标的,或者捏造事实、伪造材料、以非法手段或非法途径取得证明材料进行异议和投诉,或者恶意投诉、无理缠诉等行为的,将严格按国家及省市相关法律法规规定处理;给他人造成损失的,依法承担赔偿责任。

9. 联系方式

采购单位:××童车制造有限公司

联系人:

电话:

地址:

采购代理机构:××童车制造有限公司

联系人:

电话:

地址:

2018年05月26日

ERP 财务与供应链管理软件产品技术参数

分类	序号	商品名称	报价	单位	规格、型号、技术参数
软件	01	财务与供应链管理系统	100万	套	一、技术指标 1. 基于 J2EE 平台，采用 B/S(Browser/Server，浏览器/服务器模式)架构，使用 Java 开发技术，支持 Windows、Unix 和 Linux 操作系统，应用可以跨操作系统部署。 2. 支持多应用服务器的部署，支持多种中间件技术，如：Tomcat、WebSphere、Weblogic。 3. 系统应用 MVC(model view controller)架构，展现层通过 JSP 和 Servlet 实现；控制层通过 Struts 实现；模型层通过 Java 标准类来实现；与数据库的接口采用对 JDBC(Java 数据库连接)进行轻量级封装的 Ibatis 提供的接口；系统所有操作通过 Log4j 记录操作日志；使用 Spring 框架，实现层与层之间关联。 4. 为保证稳定性，最好具备计算机软件著作权登记证书，具备计算机软件产品登记证书。 二、功能指标 财务与供应链管理系统需具备如下功能特点： 平台要为员工提供在线辅助教学手段。重要业务涉及的单据可以在系统平台上填报，与项目推进有关的重要沟通与参训人员往来协调能在系统平台中办理。 (一)管理系统 1. 机构人员管理：维护企业基本信息和员工信息等。具体如：企业信息、部门信息、材料信息导入、用户管理授权和岗位查询等功能。 2. 授课人员管理：可根据需求发布指定的实训任务与流程，支持逐一发布和批量发布。具体如：任务推送等。 3. 营销认知系统(B2B 销售职业认识)：了解企业对企业(B2B)采购经济行为，企业与营销的关系，营销与销售的区别，B2B 复杂销售的特点等，同时引导学员认知销售职业与发展规划，并能够训练学生作为营销和销售人员的基本必备素质、职业操守等基本职业认知和基本职业素质。 (二)具体技术参数 1. 采用 J2EE 平台，以及 B/S 应用构架集中化管理，客户端的免安装和零维护，全面支持主流的 EJB Server，如 BEA 公司 Weblogic，IBM 的 WebSphere。 2. 基于 UAP 架构开发，采用业界标准的 MVC 架构和事件监听响应架构，以业务模型为中心，实现数据、业务逻辑和展现分离；通过对业务的统筹分组达到系统的模块化和可配置化；通过对系统不同层次的管理增强系统的稳定性、兼容性。 ★3. 提供所投产品软件著作权证书及产品合法来源渠道证明文件与原厂商出具的售后服务承诺书，提供产品功能现场演示。 4. 维护企业部门功能：根据企业实际情况，通过机构人员管理建立多个员工账号，支持多个员工多个部门操作。 5. 个人信息：员工可修改个人登录密码；部门选择。

分类	序号	商品名称	报价	单位	规格、型号、技术参数
软件	01	财务与供应链管理系统	100万	套	6. 营销认知：主要包括团队组建、认知所在公司、认知所在行业、认知营销与销售、认知 B2B 销售、认知销售职业、认知客户企业、认知客户关键岗位、认知财务管理系统、认知供应链管理系统等。 7. 提供企业交流平台，员工可提出在操作过程中遇到的问题，总端能收到；回复后，员工可查询回复结果。 ★8. 企业信息库：建立制造业企业的数据库，将企业的数据打包储存。 9. 提供系统安装说明手册：详细介绍系统安装过程。 10. 提供系统操作说明手册：详细介绍具体操作应用。 11. 产品提供一年质量保证。 12. 符合我公司网络安全规范。 13. 对企业提供 5×8 小时的热线、7×24 小时专人定向服务。 ★14. 提供3年的免费服务期。免费服务内容包括许可软件使用问题、技术支持、维护服务支持。 15. 同版本产品免费升级，更新版本按照标准价格给予最大的优惠。 16. 对于所提供的产品，坚持每月回访，巡回检查。 ★17. 将生产管理、客户关系、库存、财务、OA（办公自动化）完美结合。 18. 互联网、局域网均可使用。 ★19. 包含生产、CRM（客户关系管理）、项目管理系统等功能，数据实时共享。 20. 支持 PC 端不影响工作升级

售后服务形式内容及响应

原厂商在黑龙江省独立设立服务点，需提供办公地址、联系电话及现场照片；至少6人及以上服务人员近6个月的劳动合同，以及在黑龙江省交纳社保证明文件。

全天候服务：对企业提供 5×8 小时的热线、7×24 小时专人定向服务。

提供3年的免费服务期。免费服务内容包括许可软件使用问题、技术支持、维护服务支持。

具体服务内容

服务项目	服务项目介绍	服务方式	服务标准
用户自助	用户可通过供应商提供的自助服务网站解决常规业务问题	①	① 7×24 小时提供服务，即时响应 ② 6×8 小时提供服务，即时响应
热线咨询	对自助服务无法解决的问题，供应商服务机构通过热线支持解决用户常用的业务问题的过程	②	
登录故障	解决软件无法登录服务器的故障	③⑤	

服务项目	服务项目介绍	服务方式	服务标准
应用故障	排除用户正常应用过程中的故障、确保正常运行	②③④⑤	③ 5×8 小时提供服务,2 个工作小时内响应 ④ 5×8 小时提供服务,1 个工作小时内响应 ⑤ 5×8 小时提供服务
软件安装	提供解决软件安装相关问题	③	
补丁安装	根据需要为用户安装相关的软件补丁	③	
数据迁移	用户更换机器或网络等设备时,将数据迁移到新机器上	⑤	
升级服务	同版本产品免费升级,更新版本按照标准价格给予最大的优惠	③④	
关怀服务	通过回访、电话沟通等方式了解用户使用状况,并根据使用状况情况给予不同的关怀	定期使用电话、传真、信函、邮件等方式	
企业参观	供应商需定期组织企业员工去典型企业参观,了解企业的实际运作流程		

ERP 财务与供应链管理软件采购项目评分标准和评分细则

投标公司:__________________

评标项目		分值	依据	评分
商务评议20分	投标文件制作	3	按照投标文件制作的规范性、完整性等具体情况,好得 3 分;否则不得分	
	质保期	6	在满足招标文件要求的基础上,每增加免费服务期 1 年得 2 分,最多得 6 分	
	企业实力	4	投标人注册资本在人民币 1 000 万元(含 1 000 万元)以上得 4 分;100 万元以下不得分	
	售后服务	7	1. 投标单位(或软件制造商)在本市有售后服务机构。 2. 投标人(或软件制造商)承诺能在 24 小时(含 24 小时)内解决售后问题。 3. 投标人(或软件制造商)每年能提供免费的培训、交流。 评委根据投标人提供标书,全面符合或超量符合得 7 分,大量符合得 6 分,基本符合得 4 分,不符合或完全不涉及不得分	
技术评议50分	主要技术参数评议 1 总体	9	1. ERP 企业管理软件要求整体设计包括财务管理平台、供应链管理平台、人力资源管理平台、客户关系管理平台等方面。 2. 涉及的部门包括财务部、采购部、企管部、销售部、生产部、信息部及涉及全企业的移动办公。 3. 将生产管理、客户关系、库存、财务、OA 完美结合;包含生产、CRM、项目管理系统等功能,数据实时共享。 评委根据投标人提供标书,全面符合或超量符合得 9 分,大量符合得 8 分,基本符合得 6 分,不符合或完全不涉及不得分	

评标项目		分值	依据	评分
技术评议50分	主要技术参数评议2财务端	5	1. 规范财务的处理,成本管理系统对采购成本进行管理。 2. 进行业务信息到财务信息的转化方面的设置及调试,保证单个模块及模块之间系统的顺畅运行。 3. 财务管理系统及报表系统,快速查询到往来账款的收付情况,及时准确地制作所需要的财务报表和管理报表。同时需要指导每批订单,每款产品的盈亏情况。 4. 支持以树状结构方式建立多级物料清单,可支持 Excel 表格的导入及导出功能。 评委根据投标人提供标书,全面符合或超量符合得 5 分,大量符合得 4 分,基本符合得 3 分,不符合或完全不涉及不得分	
	主要技术参数评议3采购端	5	1. 可按材料类别、保管、库房等条件查询库存汇总信息和明细信息,并可链接查询库存出入流水和历史结转库存数据。 2. 实现对物料基本信息、合同信息、定额信息、发货信息、库存信息、配套信息、一次性计划批料信息、采购计划信息、代料信息、流水信息等进行联动综合查询。 3. 按库房、未出库天数、物料类别统计物料库存情况。 4. 针对公司内部各组织需独立核算或单独考核实际情况,系统需支持发生业务关系后自动产生内部的应收账款及材料和应付账款及材料;支持不同组织同一物料不同的结算价格,自动生成内部结算单。 评委根据投标人提供标书,全面符合或超量符合得 5 分,大量符合得 4 分,基本符合得 3 分,不符合或完全不涉及不得分	
	主要技术参数评议4企管端	5	1. 不同阶段建立相应的评估体系,实施项目的绩效评估,及时给出解决措施,减少管理时的人工工作量。 2. 建立灵活的人员规则管理,准确的排班管理,正确的统计考勤记录。 3. 制订相应岗位的薪酬标准,灵活定义薪资项目,快速准确计算薪资结果,综合分析薪资结果。 4. 建立统一的管理培训标准,统一管理培训需求,统一管理培训计划和活动,及时反应培训效果。 评委根据投标人提供标书,全面符合或超量符合得 5 分,大量符合得 4 分,基本符合得 3 分,不符合或完全不涉及不得分	
	主要技术参数评议5销售端	6	1. 可以查询现有库存量,同时分配销售占用量; 2. 提供客户信用额度、信用天数控制,系统能自动按客户查询应收账款; 3. 支持销售订单号的自动流水生成,支持销售员自编号手工录入且遇重号自动提醒; 4. 提供严格的作业流程控制,可以在任何一个作业流程环节上面增加审批环节; 5. 提供完备的销售计划制订和对比分析功能。 评委根据投标人提供标书,全面符合或超量符合得 6 分,大量符合得 5 分,基本符合得 3 分,不符合或完全不涉及不得分	

评标项目		分值	依据	评分
技术评议50分	主要技术参数评议6生产端	5	1. 及时了解客户的订单交货日期,便于统一安排计划,同时了解及时生产的情况。 2. 对生产周期较长的情况进行控制,从而根据整体情况统一指定生产。 3. 库存安排情况得到解决,能够实现车间库存的自动盘点功能; 4. 与采购部门协调统一,采购及时,需要的货及时到位,和采购部交接顺利。 评委根据投标人提供标书,全面符合或超量符合得5分,大量符合得4分,基本符合得3分,不符合或完全不涉及不得分	
	主要技术参数评议7信息端	5	1. 根据企业实际情况,通过机构人员管理建立多个员工账号,支持多个员工多个部门操作。 2. 建立制造业企业的数据库,将企业的数据打包储存。 3. 包含生产、CRM、项目管理系统等功能,数据实时共享。 4. 全自动的灾难备份、全自动数据自动恢复技术、全自动的实时备份和自动故障报警、异地保存数据备份和系统备份。 评委根据投标人提供标书,全面符合或超量符合得5分,大量符合得4分,基本符合得3分,不符合或完全不涉及不得分	
	主要技术参数评议8	5	1. 提供所投产品软件著作权证书及产品合法来源渠道证明文件与原厂商出具的售后服务承诺书。 2. 提供系统安装说明手册:详细介绍系统安装过程。 3. 提供系统操作说明手册:详细介绍具体操作应用。 评委根据投标人提供标书,全面符合或超量符合得5分,大量符合得4分,基本符合得3分,不符合或完全不涉及不得分	
	主要技术参数评议9	5	1. 支持PC端,不影响工作升级。 2. 符合我公司网络安全规范。 评委根据投标人提供标书,全面符合或超量符合得5分,大量符合得4分,基本符合得3分,不符合或完全不涉及不得分	
价格评议30分	价格评分	30	评标委员会只对资格和符合性检查合格的投标文件进行价格评议,报价分采用低价优先法计算,即满足招标文件要求且投标价格最低的投标报价为评标基准价,其价格分为30分。其他投标人的价格分按照下列公式计算:投标报价得分=(评标基准价/投标报价)×价格权值×100	

总分:

2.5 甲方商务谈判与成交

［任务说明］

商务谈判与成交就是甲乙双方互相妥协的过程，双方在此过程中就各自的利益进行平衡。供应商完成解决方案呈现后，客户已经在明确了自己的采购目标的同时，对各个供应商、产品和方案、后期实施能力有了深入了解，此时采购项目会进入到商务谈判阶段。产品和解决方案满足客户要求的供应商会被邀请就交易的各种细节进行沟通和协商。

［在销售实践中的应用］

商务谈判主要涉及三大部分内容：技术部分、商务部分和法律部分。技术部分包括解决方案及其功能、交付和培训，以及如何验收；商务部分包括解决方案的使用范围、价格和支付方式、索赔和罚款等；法律部分包括侵权和保密、不可抗因素、仲裁和合同生效方式等。

商务谈判在复杂销售中占有举足轻重的地位，特别是在产品和服务同质化较为严重的情况下，各厂商技术部分相差不大，商务谈判的结果几乎能够直接决定采购方的最终选择结果。在正式的商务谈判中，谈判双方会针对软件进行整个过程中所有细节的协商和确认。

商务谈判涉及的因素很多，谈判者的需求和利益表现在众多方面，但经济利益几乎是所有商务谈判的核心内容。谈判双方在其他利益上的得与失，在很多情况下或多或少都可以折算为一定的价格，并通过价格升降而得到体现。在商务谈判中，我们一方面要以价格为中心，坚持自己的利益；另一方面又不能仅仅局限于价格，应该拓宽思路，设法从其他利益因素上争取应得的利益，使对方在不知不觉中让步。

［该任务的学习目标］

甲方商务谈判与成交的学习目标	所含典型任务		课时/分钟
	任务号	典型任务名称	
应用商务谈判策略，进行商务谈判，根据合同标准模板，制订合同和签约，完成交易	二十二	谈判准备	150
	二十三	商务谈判	150
	二十四	完成交易	105

2.5.1 典型任务二十二 谈判准备

［典型任务说明］

商务谈判的准备阶段，是指在谈判开始之前，谈判者围绕谈判的议题进行准备工作的阶段。虽然雄辩的口才和随机应变能力以及突发的偶然事件可能改变谈判的结果，但是谈判成功的主要因素还谈判之前制订好完整的谈判方案，周详地进行谈判前准备。

[在销售实践中的应用]

商务谈判中,谈判者以获取经济利益为基本目的,在满足经济利益的前提下才涉及其他非经济利益。谈判双方为了维护自身的利益,必然会由产品和解决方案的价格等因素引发双方的对立,甚至造成谈判冲突或僵局。因此,进行商务谈判,前期准备工作非常重要。只有事先做好充分准备,谈判者才会充满自信,从容应对谈判中出现的突发事件、矛盾冲突,才能取得事半功倍的谈判结果。商务谈判中要达到预期的目标,就要做好周密的准备工作,使各种矛盾与冲突大多化解在有准备之中,进而获得"双赢"的结局。

[典型任务二十二谈判准备的学习目标]

<table>
<tr><td colspan="2">学习目标</td><td>时间/分钟</td></tr>
<tr><td colspan="2">制订并应用商务谈判准备表,拟订谈判策略</td><td>150</td></tr>
<tr><td>情境编号</td><td>甲方</td><td>课时/分钟</td></tr>
<tr><td>29 – 甲</td><td>采购谈判准备</td><td>70</td></tr>
<tr><td>30 – 甲</td><td>拟订采购谈判策略</td><td>80</td></tr>
<tr><td>知识点</td><td colspan="2">KP44:谈判准备;KP45:价格谈判;KP46:成交技巧</td></tr>
</table>

任务情境29　采购谈判准备

一、情境说明

在商务谈判开始之前,甲方需要明确与每个乙方进行商务谈判的目标,了解谈判过程中的注意事项。谈判过程中双方必然会存在利益冲突,谈判人员应该对预测的可能出现的各种局面,做好应对方案。此情境任务即为甲方企业做采购谈判准备。

二、学习目标

识别谈判僵局、谈判陷进、谈判冲突,制订商务谈判准备表。

三、学习过程

<table>
<tr><td>序号</td><td>学习步骤</td><td>时间/分钟</td></tr>
<tr><td>1</td><td>阅读情境</td><td>5</td></tr>
<tr><td>2</td><td>小组讨论</td><td>15</td></tr>
<tr><td>3</td><td>课件学习</td><td>10</td></tr>
<tr><td colspan="2">老师解析知识难点</td><td>10</td></tr>
<tr><td>4</td><td>完成练习"采购谈判准备表"</td><td>30</td></tr>
<tr><td colspan="2">时间合计</td><td>70</td></tr>
</table>

步骤1:阅读情境

请阅读以下情境,并明确本情境任务。

评标终于结束,评标委员会最终确定了候选的供应商,会议中,甲方负责人安排相关负责人员邀请已经通过评审的供应商进行后续的商务谈判。同时,××公司项目组随即开始着手商务谈判的准备工作。

甲方负责人对大家说道:"虽然我们心中已经有了首选的供应商,大家还是要根据各供应商的报价,确定下我们的价格底线,通过谈判来压价,并获取更多的优惠政策和服务支持!今天我们需要把这些谈判前的准备内容确定下来,并商讨下在谈判中有哪些注意事项,确保在探讨中为我们公司获取最大利益!"

大家纷纷发表着自己的意见……

情境任务:完成"采购谈判准备表"。

阅读笔记:______________________________

____

步骤2:小组讨论

请组长组织小组成员共同讨论,明确以下问题:

1. 商务谈判中有哪些注意事项?

2. 和每家供应商谈判的目的和期望有何不同,我们应该如何确定?

3. 哪些人员参与谈判,每位成员在谈判中的作用是什么?

讨论笔记:______________________________

____

步骤3:课件学习

请组长组织小组成员共同学习知识点视频《谈判准备》。

学习笔记:______________________________

____

老师解析笔记:______________________________

____

步骤4:完成练习"采购谈判准备表"

1. 请组长组织小组成员每人静默3分钟,总结所学知识点视频内容。

2. 按顺序每人分享对所学知识点视频的理解,并分类汇总,达成共识。

组长组织小组成员分工协作,共同完成并检查"采购谈判准备表"(表2-28),确保每一位成员理解作业并达成共识,如小组成员有异议,可以单独记录在表2-28下方。

表2-28 采购谈判准备表

采购谈判准备表		
形势分析	谈判对象	
	对方期望	
	对方优势	

表 2-28(续)

采购谈判准备表		
形势分析	对方劣势	
	参与人员分析	
	我方期望	
谈判准备	谈判心理	
	谈判底线	
	谈判让步(GIVE)	
	谈判预期(GET)	
谈判陷阱	可能的陷阱	
	如何应对	

思考与异议:______________________________

____

老师点评记录:______________________________

____

任务情境30　拟订采购谈判策略

一、情境说明

拟订采购谈判策略,就是要选择实现己方谈判目标的基本途径和方法。通过对谈判双方实力及其他影响因素进行细致而认真的研究分析,谈判者确定己方处于何种谈判地位:优势、劣势或者均势,由此确定谈判的策略,例如如何开局,报价策略,让步与迫使对方让步的策略,避免谈判陷阱和打破僵局的策略等。此情境任务即为甲方企业拟订采购谈判策略。

二、学习目标

应用价格谈判策略和成交技巧，拟订采购谈判策略。

三、学习过程

序号	学习步骤	时间/分钟
1	阅读情境	5
2	小组讨论	15
3	课件学习	20
老师解析知识难点		10
4	完成练习“采购谈判策略表”	30
时间合计		80

步骤1：阅读情境

请阅读以下情境，并明确本情境任务。

离商务谈判的日子越来越近了，这一日，××公司项目组正根据之前完成的“谈判准备表”，商议着谈判策略。

甲方负责人在会议上要求各部门经理区分出对于评分高、低的不同供应商的处理方式，同时，宣布成立谈判小组。

甲方负责人发言道：“我们已经制订好我们在谈判中的底线，现在，我们需要商讨谈判策略，保障能够获取我们想要的价格和服务政策，不能让任何供应商认为我们已经倾向于谁，这样我们才能在谈判中保有优势地位，给他们压力！”

情境任务：甲方在此任务情景中做好谈判各方面准备，制订谈判方案，完成“采购谈判策略表”。

步骤2：小组讨论

请组长组织小组成员共同讨论，明确以下问题：

1. 哪些供应商所提出的解决方案能够满足我们的采购要求，报价是否合理？
2. 对方案、价格和实施等是否还有分歧，如何避免或解决冲突和僵局？
3. 对于解决方案不满足的供应商，我们应该如何定位与其进行的谈判？

讨论笔记：____

____

步骤3：课件学习

请组长组织小组成员共同学习知识点视频《价格谈判》《成交技巧》。

学习笔记：____

____

老师解析笔记：____

____

步骤4：完成“采购谈判策略表”

1. 请组长组织小组成员每人静默3分钟，总结所学知识点视频内容。

2. 按顺序每人分享对所学知识点视频的理解，并分类汇总，达成共识。

3. 组长组织小组成员分工协作，共同完成并检查"采购谈判策略表"（表 2－29），确保每一位成员理解作业并达成共识，如果小组成员有异议，可以单独记录在表 2－29 下方。

表 2－29 采购谈判策略表

采购谈判策略表		
谈判形势		
谈判策略	开局策略	
	价格策略	
	让步策略	
	成交策略	
	可能的谈判僵局	
	如何解决所遇僵局	
	如何避免谈判冲突	

思考与异议：______________________________

____

老师点评记录：______________________________

____

2.5.2 典型任务二十三 商务谈判

［典型任务说明］

商务谈判，不是利用虚假、欺诈和胁迫手段获得暂时的利益，而是根据现代化谈判理论和原则进行探讨。为实现谈判目标，在谈判过程中熟练运用谈判知识、策略和技能。商务谈判是综合运用知识和经验的艺术。在商务谈判过程中，谈判者需要根据之前制订的谈判方案和谈判时的实际局面，灵活运用谈判技巧来贯彻执行预定方案，实现谈判目标。

［在销售实践中的应用］

谈判的步骤应该为申明价值、创造价值和克服障碍三个进程。申明价值为谈判的初级阶段，谈判双方彼此应充分沟通各自的利益需要及对方的真正需求，申明能够满足对方需要的方法与优势所在。创造价值为谈判的中级阶段，双方申明了各自的利益所在之后，暂时无法实现双方的利益最大化，所提出的方案也可能不是最佳方案。因此，谈判双方需要共同寻求更佳解决方案，为谈判双方找到获得最大利益的方法，这一步骤就是创造价值。

克服障碍是谈判的攻坚阶段。谈判的障碍一般来自两个方面:一个是谈判双方彼此利益存在冲突;另一个是谈判者自身在决策程序上存在障碍。如果能够实现障碍的克服,双方达成一致,那么此次谈判能够产生一个良好的结果。

［典型任务二十三商务谈判的学习目标］

学习目标		时间/分钟
应用谈判策略,进行商务谈判		150
情境编号	甲方	
31 - 甲	采购商务谈判	

任务情境31　采购商务谈判

一、情境说明

完成谈判准备之后,甲方根据谈判计划分别与各个供应商进行商务谈判。和每家供应商的谈判目标都不尽相同,且存在若干家倾向成交的供应商。在与这些供应商谈判时,甲方应该注重谈判策略和技巧的运用,争取实现双赢。

二、学习目标

应用采购商务谈判策略,进行商务谈判。

三、学习过程

序号	学习步骤	时间/分钟
1	阅读情境	5
2	小组讨论	15
3	现场谈判	100
4	小组讨论	5
反馈、点评、总结		15
5	在线提交“采购谈判反馈表”	10
时间合计		150

步骤:1 阅读情景

内容在 VBSE 营销综合实训软件中。

步骤2:小组讨论

步骤3:现场谈判

请组长组织小组成员分别与乙方小组成员进行现场谈判。

步骤4:小组讨论

步骤5:在线提交“采购谈判反馈表”

请组长组织小组成员共同完成“采购谈判反馈表”(表2-30),指定小组成员录入系统,确保每一位成员理解作业并达成共识,如小组成员有异议,可以单独记录在表2-30下方。

表2-30 采购谈判反馈表

采购谈判反馈表						
谈判对象						
乙方参与人员						
谈判分类	项目	反馈内容	序号	分值	得分	关键记录与反馈
过程展现	谈判过程的展现	清晰把握我方的谈判目标	1	10		
		准确呈现自己的目标	2	10		
		充分准备多套谈判方案	3	10		
		与我方达成共识的能力	4	10		
技巧与策略使用	谈判技巧的运用	建立良好谈判气氛	5	5		
		谈判态度的表现	6	5		
技巧与策略使用	谈判技巧的运用	把握自己的谈判底线	7	5		
		解决谈判中双方矛盾	8	5		
		团队配合默契	9	10		
	策略运用	报价策略的采用和效果	10	10		
		让步策略的采用和效果	11	10		
		成交策略的采用和效果	12	10		
分值合计				100		

思考与异议:____

____

老师点评记录:____

____

2.5.3 典型任务二十四 完成交易

[典型任务说明]

甲方根据采购项目中各部门及供应商的支持和配合,确定了最终成交供应商。甲方召集供应商,发布成交结果,与成交供应商签订正式采购合同,完成本次采购项目。

[在销售实践中的应用]

甲方正式公布采购结果,标志采购过程的结束,项目进入到实施阶段。公布结果之后,甲方与中标供应商根据之前达成一致的交易内容、条款和交易方式签订最终采购合同。项目完成采购阶段工作,正式进入到实施交付阶段,这也标志着乙方的销售项目结束。

[典型任务二十四完成交易的学习目标]

学习目标		时间/分钟
1. 根据中标供应商评选结果,召开中标结果发布会,制订合同,完成合同签约。 2. 了解销售总结、客户服务与价值兑现的标准和方法		105
情境编号	甲方	
32-甲	公布结果	
知识点	KP47:销售总结;KP48:客户服务与价值兑现	

任务情境32 公布结果

一、情境说明

在商务谈判之后,甲方根据方案呈现和商务谈判的结果,分别对各供应商进行评分并排序,最终成交供应商基于得分最高者,由甲方内部评议决定。为了正式完成采购项目,甲方需要召开中标发布会,向所有参与采购项目的供应商宣布最终结果,并对各供应商的支持和配合表示感谢,并与最后成交供应商完成正式采购合同。

二、学习目标

1. 根据中标供应商评选结果,召开中标结果发布会,制订合同,完成合同签约。
2. 了解销售总结、客户服务与价值兑现的标准和方法。

三、学习过程

序号	学习步骤	时间/分钟
1	阅读情境	5
2	召开中标评选会	10
3	完成"供应商评分表",确定中标供应商	10
老师解读合同签约注意事项		10
4	准备签约合同,在线发送"中标发布会通知"	15
5	召开"中标结果发布会",完成合同签订	15
6	小组讨论	10
7	课件学习	20
老师解析知识难点		10
时间合计		105

步骤:1 阅读情景

内容在VBSE营销综合实训软件中。

步骤2:召开中标评选会

步骤3:完成“供应商评分表”,确定中标供应商

决策小组成员根据各供应商的解决方案、商务谈判情况,按照“供应商评分表”(表2-31),进行供应商评选打分,根据各决策成员打分的分数占比,进行加权统计中标结果,确定中标供应商。

表2-31 供应商评价表

供应商评标表									
评分项目			分值	供应商1	供应商2	供应商3	供应商4	供应商5	供应商6
综合实力	公司实力	公司规模、行业地位	3						
		项目管理、咨询能力	2						
	行业经验	制造业企业经验	3						
		项目团队资历	5						
技术部分	解决方案	整体需求覆盖情况	10						
		方案匹配度	6						
		方案设计先进性	4						
		方案难点及风险	4						
	技术能力	技术框架	4						
		系统稳定性	4						
		二次开发的实现	3						
		研发能力	3						
	实施能力	实施团队规模	3						
		项目投入力度	3						
		实施计划可行性	5						
	服务培训	系统操作便利性	3						
		培训体系和计划	5						
		售后服务能力	5						
		服务响应速度	5						
商务部分	软件价格		10						
	实施价格		5						
	年服务费		5						
总分			100						

评分统计:______________________________

____

合同准备注意事项：____

____

2.5.4 参考示例

××科技有限公司
产品销售合同

合同编号：CJ2018001
甲　　方：××童车制造有限公司
乙　　方：××科技有限公司

甲方：××童车制造有限公司　　乙方：××科技有限公司
地址：________________　　地址：________________
电话：________________　　电话：________________

甲乙双方本着相互信任、真诚合作、共同发展的原则，在友好协商的基础上共同制订如下合同内容。

1. 产品、费用

1.1　产品是指乙方依据本合同约定向甲方销售的许可软件、标准产品支持服务

1.1.1　"许可软件"("软件产品")是指本合同附件一所列的，由用友软件股份有限公司享有著作权，交付并许可甲方使用的软件，不包括源代码及开发中形成的技术文档。许可软件的包装清单包括作为存储介质的磁盘或光盘、加密附件(如有)及用户手册，具体内容以包装盒内的装箱清单为准。

1.1.2　"标准产品支持服务"是指本合同附件二所列的，乙方为确保软件产品的正常运行、更新和升级而提供的支持服务。

1.2　产品交付

1.2.1　乙方应自收到第1.3.1条约定的全部产品费用之日起30个工作日内按本合同附件一的约定将许可软件交付给甲方。

1.2.2　软件产品交付地点为：××童车制造有限公司。

1.2.3　甲方收到软件产品时，应在《客户收货确认单》加盖甲方公章或合同专用章，并依此确认乙方交付完毕。

1.2.4　标准产品支持服务交付以附件二为准。

1.3　产品费用及支付

1.3.1　甲方应向乙方支付的产品费用总计为990 000元(大写：人民币玖拾玖万元)。具体包括：

费用类别	费用合计/元
许可软件	990 000
标准产品支持服务	0
费用总计	990 000

1.3.2　支付方式:本合同采用分期收款方式销售货物。

第一笔付款:甲方应于本合同生效之日起两2个工作日内将使用许可费的百分之30,人民币297 000元(大写:贰拾玖万柒仟元整),支付给乙方。乙方收到该笔款项之日起2个工作日内交付软件,甲方填写《客户收货确认单》。

第二笔付款:甲方应于收货之日起两2个工作日内将使用许可费的余下百分之70,人民币693 000元(大写:陆拾玖万叁仟元整),支付给乙方。

2. 知识产权及许可限制

2.1　甲方承认基于本合同取得的许可软件和任何补丁、程序、代码、解决方案及文档信息的著作权均归用友软件股份有限公司所有。

2.2　乙方授予甲方在附件一约定的用户许可数量范围内对许可软件享有非专有的使用许可。甲方不得将许可软件转让、出租、出借或提供分许可、再许可、通过信息网络传播或以其他形式供他人利用。甲方不得限制、破坏或绕过许可软件附带的加密附件或乙方提供的其他确保许可软件正确使用的限制性措施。甲方不得将许可软件用于除甲方内部使用以外的其他目的,包括但不限于向第三方提供数据处理服务、应用服务、商业共享或其他软件共享安排。甲方不得除掉、掩盖或更改许可软件上有关许可软件著作权声明、权利人标识或商标的标志。

2.3　如乙方依据甲方要求或双方约定,向甲方提供本合同约定的软件产品之外的第三方软件的使用许可、技术指标及相关服务,甲方应遵守第三方提供的最终用户许可使用协议和用户手册,或与第三方单独签订相关协议。除乙方与第三方另有约定外,乙方不对该软件承担任何责任。

3. 软件产品保证

3.1　物理损坏保证

3.1.1　自许可软件交付之日起一年内,许可软件的载体(磁盘或光盘)、加密附件(如有)出现非人为的物理损坏,乙方可根据甲方的书面要求给予免费修正或更换。

3.1.2　许可软件的加密附件(如有)主要为加密盒,并随许可软件一起交付。加密盒为保证许可软件正常使用的关键物品,如有遗失,乙方将不负责进行补发。

3.2　质量保证

3.2.1　乙方保证此次交付的许可软件功能与其版本对应的说明书及用户手册相符。但本保证不适用于:

a. 乙方之外的任何人对该许可软件做任何方式的修改;

b. 甲方未按许可软件所附文档的规定使用许可软件;

c. 由于甲方原因或第三方软件的故障、计算机设备故障、网络故障等使许可软件无法正常运行。

3.2.2 如果许可软件未按说明书和用户手册的功能正常运行，乙方应负责对许可软件进行修正，或在修正不能的情况下，在附件二列明的标准产品支持服务期限内，免费为甲方更换功能符合的许可软件。如经修正、更换仍无法正常运行，甲方有权终止许可软件不符合规定部分的使用许可，乙方应向甲方返还已经支付该部分的使用许可费。

4. 违约责任

4.1 甲方未按合同约定期限支付产品费用的，每延期1日，甲方应按未付费用总额的1‰向乙方支付违约金，但违约金总额不得超过合同总价的30%。

4.2 乙方未按合同约定期限交付许可软件的，每延期1日，甲方可按延迟交付部分软件产品的费用的1‰要求乙方支付违约金，但违约金总额不得超过合同总价的30%。

4.3 甲方违反本合同约定的许可软件知识产权及许可限制等合同义务，甲方应按合同总价的50%向乙方支付违约金。

4.4 本合同签订后，无正当理由，任何一方不得任意解除合同，否则，应按合同总价的100%向对方支付违约金。

5. 保密信息的保护

保密信息是指甲、乙方各自专有的、且提供给对方的并明确标有“保密”字样的信息，包括但不限于本合同及其签订、许可软件、数据等。任何一方未经对方的事先书面许可，不得向第三方，或允许向第三方直接或间接地透露保密信息。无论本合同变更、解除或终止，本条款保持有效。

6. 争议解决

凡因本合同引起的或与本合同有关的任何争议，双方应协商解决，经协商不能解决时，任何一方均可向乙方住所地的人民法院提起诉讼。

7. 其他

7.1 本合同自双方签字盖章之日起生效。一式两份，双方各执一份，具有同等法律效力。本合同附件为本合同不可分割的组成部分，与本合同具有同等法律效力。

7.2 许可软件产品安装盘内的《软件使用许可协议》同样适用于乙方许可甲方使用许可软件的授权，与本合同具有同等效力。但是如果其条款的规定与本合同有关内容相抵触，则以本合同的规定为准。

（以下无下文）

【签字盖章页】【××童车项目专用】

甲　方：（章）____________________　　乙　方：（章）____________________

授权代表:______________	授权代表:______________
开户行:______________	开户行:______________
账　号:______________	账　号:______________
签约日期:______________	签约日期:______________

2.6 甲方实训总结

[实训总结过程]

序号	学习步骤	时间/分钟
1	小组讨论	10
2	小组分享、跨组反馈	15
老师点评、总结		15
时间合计		40

步骤1:小组讨论

请组长组织小组成员讨论,在本次实训过程中:你认为你们小组哪些方面做得比较好?哪些方面本来可以做得更好?本次实训你感受最深和收获最大的是什么?后续将有哪些规划和行动计划?

讨论笔记:______________________________

____

____

步骤2:小组分享、跨组反馈(2~3分钟/组)

请向大家分享你们小组的实训总结与你的个人感悟与行动计划。同时,请将你对其他小组的分享感受记录在下面,给予该组反馈。

反馈记录:______________________________

____

____

点评、总结记录:______________________________

____

____

第3章 乙方任务

3.1 乙方销售准备

[任务说明]

销售准备是指在销售中进行销售拜访前的准备工作,是每个项目重要的前置工作。在这个工作中,需要根据公司产品或者解决方案,从目标客户群中筛选出理想目标客户,并对客户信息进行收集,从中进行有效商机的挖掘和确认。同时根据对目标客户的现状和潜在需求分析,进行初次拜访前的准备。

[在销售实践中的应用]

实际的大项目销售过程中,针对的是每个不同的客户和具体项目,因此客户不同、沟通对象不同、场景不同、性格不同、需求不同,销售方法与策略自然也不同。所以我们需要针对每一个客户、每一个项目做不同的具体分析和销售准备。

怎么找到目标客户,进行有效商机的确认,获得销售机会,一直是困扰各公司销售人员的大问题,这个问题会直接导致销售工作无法开展,因此找到理想目标客户就成了每个销售人员的头等大事,也是销售工作的起始点。

在进行有效商机的确认后,下一步就是要进行销售拜访。根据复杂性销售的特点,需要在销售拜访前进行多方面的准备工作。如何向客户做专业的自我介绍?用什么有效约见理由激发客户兴趣而不被客户拒绝拜访?一直是令销售人员头疼的问题。因此,需要根据客户的实际情况和拜访目的进行完善的拜访准备工作,从而保障销售拜访的有效达成。

[该任务的学习目标]

<table>
<tr><th rowspan="2">乙方销售准备的学习目标</th><th colspan="2">所含典型任务</th><th rowspan="2">课时/分钟</th></tr>
<tr><th>任务号</th><th>典型任务名称</th></tr>
<tr><td rowspan="2">1. 识别商机,分析客户潜在需求。
2. 应用激发客户兴趣、建立客户信任的方法,进行客户预约和拜访准备</td><td>八</td><td>乙方商机
挖掘和分析</td><td>55</td></tr>
<tr><td>九</td><td>乙方拜访准备</td><td>220</td></tr>
</table>

3.1.1 典型任务八 乙方商机挖掘和分析

[典型任务说明]

商机挖掘和分析是指在大项目销售过程中,根据区域市场的分析,定义理想客户模型,并进行目标客户的筛选,从而在其中找到能契合产品或者方案并能体现最大化价值的客户,从而对其开展有效的销售工作。

[在销售实践中的应用]

在大项目销售中,并不是所有目标客户都是理想客户或存在销售机会。因为每个企业对于自身存在的问题分析的出发点会基于企业自身特点和管理基础,从而影响到采用何种解决方式,或者暂时不考虑解决某方面的问题,或者还未意识到该问题可以得到解决。

若选择了一个非理想客户项目,将会导致销售资源的投入和产出不成正比。一方面会浪费公司资源和销售人员精力;另一方面即便成功签单,后期也可能会产生一些负面效应,如项目失败导致公司品牌形象受损,或者收不回相关合同款项等。

选择正确的客户项目作为销售目标,销售人员所做的行动和努力才会产生效益。

[典型任务八乙方商机挖掘和分析的学习目标]

<table>
<tr><th colspan="2">学习目标</th><th>时间/分钟</th></tr>
<tr><td colspan="2">1. 了解有效挖掘商机的方法,应用对理想客户模型和商机定义的认知,识别商机,阐述商机与销售机会的关系。
2. 理解选择理想目标客户和有效商机作为销售起点的重要性</td><td rowspan="3">55</td></tr>
<tr><td>情境编号</td><td>乙方</td></tr>
<tr><td>11－乙</td><td>商机挖掘和分析</td></tr>
<tr><td>知识点</td><td colspan="2">KP11:商机挖掘</td></tr>
</table>

任务情境11 商机挖掘和分析

一、情境说明

在大项目销售中,找到商机,才有销售机会。在有限的公司资源和人员精力下,快速找到可以作为长期战略合作、持续阶段性产出业绩的理想目标客户,进行商机分析,这些作为销售工作的起点至关重要。此任务情境即乙方进行商机挖掘和分析。

二、学习目标

了解商机挖掘的方式,识别并应用理想客户模型、商机、销售机会,进行商机分析。

三、学习过程

序号	学习步骤	时间/分钟
1	阅读情境	2
2	小组讨论	15
3	课件学习	10
老师解析知识难点		10
4	完成练习“商机挖掘和分析表”	18
时间合计		55

步骤1,2,3分别与甲方任务相应任务情境一致,以下乙方的任务情境中均略去步骤1,2,3。

步骤4:完成练习“商机挖掘和分析表”

1. 请组长组织小组成员每人静默3分钟,总结所学知识点视频内容。

2. 按顺序每人分享对所学知识点视频的理解,并分类汇总,达成共识。

3. 组长组织小组成员分工协作,共同完成并检查“商机挖掘和分析表”(表3-1),确保每一位成员理解作业并达成共识,如小组成员有异议,可以单独记录在表3-1下方。

表3-1 商机挖掘和分析表

商机挖掘和分析表	
组名	
项目	内容
挖掘渠道和方式	
知识准备	
工具准备	
潜在商机分析	

异议与思考：____

____

老师点评记录：____

____

3.1.2 典型任务九 乙方拜访准备

［典型任务说明］

拜访准备是指为成功邀约和拜访客户前做的准备工作。主要内容包括分析客户概念和潜在需求、制订客户可能关心的问题清单、拜访预约准备。

［在销售实践中的应用］

在大项目销售中，企业客户一般都业务繁忙，且每天都会接到各类乙方的电话和拜访邀约，因此销售邀约拜访客户时被拒绝是大概率事件，同时，一般情况下销售经理首轮接触客户时会很紧张，不知道该和客户谈些什么。为了解决这些问题，我们必须做好充分的拜访准备，明确拜访客户的目的，找到激发客户兴趣的方法，制订有效约见理由。

［典型任务九乙方拜访准备的学习目标］

学习目标		时间/分钟
1. 应用客户概念、客户需求、问题清单，分析客户潜在需求。 2. 应用制订行动承诺、有效约见理由、自我介绍、成功故事、客户预约的方法，了解基本商务礼仪，进行客户预约和拜访准备		220
情境编号	乙方	课时/分钟
12－乙	客户潜在需求分析	75
13－乙	拜访准备	145
知识点	KP12：客户概念；KP13：激发客户兴趣；KP14：客户需求； KP15：行动承诺；KP16：客户预约；KP17：基本商务礼仪	

任务情境12　客户潜在需求分析

一、情境说明

乙方在获得一个商机后，需要对客户概念和潜在需求进行分析，以判断是否有机会向客户销售产品和服务，并换位思考，以客户的视角去分析是什么问题和原因导致客户存在这些潜在需求，客户当前最关心哪些问题，这是拜访客户前的重要准备工作。

二、学习目标

1. 识别并应用客户概念、客户需求、问题清单，分析客户潜在需求。

2. 了解如何应用专业自我介绍、问题清单、成功故事的方法，激发客户兴趣。

三、学习过程

序号	学习步骤	时间/分钟
1	阅读情境	5
2	小组讨论	15
3	课件学习	30
老师解析知识难点		10
4	完成练习“客户潜在需求分析表”“问题清单分析表”	15
时间合计		75

步骤4:完成练习“客户潜在需求分析表”“问题清单分析表”

1. 请组长组织小组成员每人静默3分钟,总结所学知识点视频内容。

2. 按顺序每人分享对所学知识点视频的理解,并分类汇总,达成共识。

3. 组长组织小组成员分工协作,共同完成并检查“客户潜在需求分析表”(表3-2)和“问题清单分析表”(表3-3),确保角色成员理解作业并达成共识,如小组成员有异议,可以单独记录在表3-3下方。

表3-2　客户潜在需求分析表

客户潜在需求分析表		
客户角色	概念分析 (实现、解决、避免)	潜在需求
总经理		
企管经理		
信息经理		
采购经理		
生产经理		
财务经理		
销售经理		

表3-3　问题清单分析表

问题清单分析表			
客户角色	预测 你认为客户可能 对此次拜访持有的疑虑	转换 将每个疑虑都转换成 客户可能会提出的问题	回答 针对这些问题准备你的回答
总经理			
企管经理			
信息经理			
采购经理			
生产经理			
财务经理			
销售经理			

异议与思考：____

____

老师点评记录：____

____

任务情境13　拜访准备

一、情境说明

乙方在对客户潜在需求和问题清单进行分析后，下一步需要在客户内部找到对的人，谈对的事，即选择最利于自己快速建立关系，了解准确信息和获取竞争优势的人。进行准备邀约拜访，制订拜访目的、准备约见理由等准备工作，以获得客户接见机会。

在乙方的销售拜访中，交谈开始的2分钟内，客户会形成对销售人员重要的初步印象，这个印象对以后各个阶段会产生重大影响。因此，乙方在每次拜访客户前，需要根据对客户概念、潜在需求、可能关心的问题清单和期望获得的行动承诺，进行相关心理、商务礼仪、材料工具等拜访前的精心准备工作。

二、学习目标

应用制订行动承诺、有效约见理由、自我介绍、成功故事、客户预约的方法，了解基本商务礼仪，进行客户预约和拜访准备。

三、学习过程

序号	学习步骤	时间/分钟
1	阅读情境	2
2	小组讨论	5
3	课件学习	10
老师解析知识难点		5
4	完成“行动承诺”	5
5	讨论如何成功邀约客户	5
6	课件学习	20
老师解析知识难点		8
7	完成并发送“首轮拜访预约邮件”	30
8	在线和客户相互回复确认	30
9	在线提交“首轮客户拜访准备表”	15
老师点评、总结		10
时间合计		145

步骤4：完成“行动承诺”

1. 请组长组织小组成员每人静默2分钟，总结所学知识点视频内容。

2. 按顺序每人分享对所学知识点视频的理解，并分类汇总，达成共识。

3. 组长组织小组成员分工协作，共同完成并检查“行动承诺”（表3－4），确保每一位成员理解作业并达成共识，如小组成员有异议，可以单独记录在表3－4下方。

表3－4　行动承诺

行动承诺	
项目	内容
拜访对象	
最佳行动承诺	时间： 地点： 地点： 人物： 方式： 目的：

表3－4(续)

项目	内容
最小行动承诺	时间： 地点： 地点： 人物： 方式： 目的：

异议与思考：____

____

老师点评记录：____

____

步骤5:讨论如何成功邀约客户

步骤6:课件学习

步骤7:完成并发送“首轮拜访预约邮件”

1. 请组长组织小组成员每人静默3分钟,总结所学知识点视频内容。

2. 按顺序每人分享对所学知识点视频的理解,并分类汇总,达成共识。

3. 组长组织小组成员分工协作,共同完成并检查”首轮拜访预约邮件“(表3－5),确保每一位成员理解作业并达成共识,如小组成员有异议,可以单独记录在表3－5下方。

表3－5　首轮拜访预约邮件

首轮拜访预约邮件	
组名	
收件人	
自我介绍	我是谁:______________________ 是否见过:______________________ 资历经验:______________________
成功故事	“由于______________________(某些业务现状),______________________(同行业客户)公司的(业务上的)问题非常突出。我们帮他们解决了这个问题,现在他们公司______________________(应用场景)。同时,我们帮助很多客户解决了类似问题,包括______________________(同行客户名单),不知道您是否有兴趣深入了解(或:不知道您对此是否感兴趣)

表 3-5(续)

首轮拜访预约邮件	
约见理由	目的:______ 过程:______ 收益:______
收尾致辞	

异议与思考:______

______

老师点评记录:______

______

步骤8:在线和客户相互回复确认

步骤9:在线提交"首轮客户拜访准备表"

请组长组织小组成员共同完成并检查"首轮客户拜访准备表"(表3-6),确保每一位成员理解作业并达成共识,如小组成员有异议,可以单独记录在表3-6下方,并分角色将本情境任务录入 VBSE 营销综合实训软件系统。

表 3-6 首轮客户拜访准备表

首轮客户拜访准备表	
项目	内容
拜访对象	
自我介绍	
成功故事	
约见理由	
收尾总结辞	
客户潜在需求	

表 3-6(续)

项目	内容
需要的材料、工具	
客户的"问题清单"	
客户可能有的提问	
准备的回答	
准备获取的最佳行动承诺	
准备获取的最小行动承诺	
准备的提问	
我方参与人员	
交流形式	

异议与思考:____

____

老师点评记录:____

____

3.2 乙方销售沟通

[任务说明]

销售沟通是指在拜访客户的互动沟通中,与客户确认商机,了解客户概念和需求,将客户潜在需求、隐藏性需求转化为明显性需求的过程。在此过程中,应同时向客户呈现自己的优势,解决客户顾虑,达成对解决方案的共识,获得客户的认可、支持和行动承诺,并建立客户信任。

[在销售实践中的应用]

实际的大项目销售过程中,客户对企业面临的问题和需求不一定清晰和明确,其未必能意识到某问题是可以解决的或是有相应的解决措施的。销售人员需要和客户共同分析和界定目标、明确问题、差距、需求,并探讨改进策略、计划和机会。和客户一起研讨解决方案,帮助客户完成采购,并在此过程中为客户创造价值。

在互联网经济时代和各供应商的产品同质化、差异优势不明显的情况下,产品的价值已经从产品本身转移到如何帮助客户降低采购风险和采购成本,获得最佳解决方案和服务支持上。销售沟通过程就是在创造客户价值方面发挥作用,客户采购过程越长,销售沟通中创造价值的空间越大。

每次拜访完客户后,销售人员需要进行拜访总结和评估,以便分析下一步待解决问题,制订行动计划。

[该任务的学习目标]

乙方销售沟通的学习目标	所含典型任务		课时/分钟
	任务号	典型任务名称	
1. 应用了解客户概念、呈现优势、获得承诺的流程和方法,进行销售拜访沟通,建立客户信任。 2. 应用拜访总结与评估的方法,进行拜访总结和客户信任度评估。 3. 应用识局、拆局、布局的方法,分析竞争优势和劣势,制订竞争策略,获得竞争优势	十	了解客户概念	205
	十一	呈现优势	290
	十二	获得承诺	280
	十三	拜访总结与评估	55
	十四	关键人拜访	295

3.2.1 典型任务十 了解客户概念

[典型任务说明]

了解客户概念是指在销售拜访过程中,对客户商机、潜在需求进行沟通确认,了解客户真正的目标、问题和需求。

[在销售实践中的应用]

在大项目销售中,任何成功的销售都是基于客户自己的概念和需求完成的。需求和问题是一对孪生兄弟,需求是为了解决问题而产生的,需求是表面的,问题是需求的原因。所以我们需要明确需求背后的问题是什么。

在销售人员与客户接触初期,客户通常会和销售人员分享目标和动机,但并不是所有问题和需求客户都能清晰表达,有时会觉得某些问题并不重要而跳过。当客户处于潜在需求阶段时,需求尚不明确,是隐性的,通常表现为不满和抱怨;或是未意识到该目标可以实现。需求达到明确阶段时,客户会表达明显、强烈的需求,自己对问题点的认识,客户的抱怨、不满、误解也会被具体化。

因此销售人员需要在拜访中与客户共同探讨,确认真正的目标、问题和需求。

[典型任务十了解客户概念的学习目标]

<table>
<tr><th colspan="2">学习目标</th><th>时间/分钟</th></tr>
<tr><td colspan="2">1. 应用问题清单,进行客户拜访,了解客户概念和需求。
2. 认识提问技巧、倾听技巧用于客户拜访中了解客户概念的重要性。
3. 在首轮客户拜访后,识别项目局势,分析制订单一销售目标,判断项目阶段和采购角色</td><td>205</td></tr>
<tr><td>情境编号</td><td>乙方</td><td>课时/分钟</td></tr>
<tr><td>14 - 乙</td><td>了解客户概念</td><td>120</td></tr>
<tr><td>15 - 乙</td><td>识别目标与角色</td><td>85</td></tr>
<tr><td>知识点</td><td colspan="2">KP18:提问技巧;KP19:倾听技巧;KP20:单一销售目标;
KP21:项目阶段;KP22:采购角色</td></tr>
</table>

任务情境14 了解客户概念

一、情境说明

乙方在首轮销售拜访时,需要了解客户的真实现状、概念和需求,与客户共同探讨并明确问题,评估需求,同时在此过程中与客户共同探讨完善目标和改进计划。此任务情境即乙方了解客户概念。

二、学习目标

1. 应用问题清单,进行与客户的第一次拜访沟通,了解客户概念和需求。

2. 应用暖场问题、信息类问题、态度类问题、确认类问题、倾听技巧、黄金沉默技巧,对首轮客户拜访沟通效果进行评估。

三、学习过程

<table>
<tr><th>序号</th><th>学习步骤</th><th>时间/分钟</th></tr>
<tr><td>1</td><td>阅读情境</td><td>5</td></tr>
<tr><td>2</td><td>小组讨论</td><td>15</td></tr>
<tr><td>3</td><td>线下行动</td><td>30</td></tr>
<tr><td>4</td><td>小组讨论</td><td>10</td></tr>
<tr><td colspan="2">反馈、点评、总结</td><td>20</td></tr>
<tr><td>5</td><td>课件学习</td><td>20</td></tr>
<tr><td colspan="2">老师解析知识难点</td><td>10</td></tr>
<tr><td>6</td><td>在线提交“首轮销售沟通反馈表”</td><td>10</td></tr>
<tr><td colspan="2">时间合计</td><td>120</td></tr>
</table>

步骤4:小组讨论

请组长组织小组成员共同讨论(填写表3－7和表3－8),并明确以下问题:

1. 本轮沟通,你了解了哪些客户概念和需求?还需要了解哪些信息?
2. 帮助客户解决了哪些关心的问题?还有哪些问题有待解决?
3. 客户对我们的建议解决方案评价如何?这次拜访,你有哪些感受?

表3－7　首轮客户拜访总结1

首轮客户拜访总结	
组名	
项目	内容
客户需求	
解决了客户的哪些问题	
探讨的解决方案	
获取的行动承诺	
下一步待解决问题	
拜访中自我存在的问题	

表3－8　首轮客户拜访总结2

首轮客户拜访总结				
乙方名称	比较好的方面	可以更好的方面	对销售进程的影响	点评、反馈

表 3－8(续)

乙方名称	比较好的方面	可以更好的方面	对销售进程的影响	点评、反馈

讨论笔记:____

____

反馈、点评、总结笔记:____

____

步骤5:课件学习

步骤6:在线提交“首轮销售沟通反馈表”

请组长组织小组成员共同完成并检查“首轮销售沟通反馈表”(表3－9),指定小组成员录入系统,确保每一位成员理解作业并达成共识,如小组成员有异议,可以单独记录在表3－9下方。

表 3－9 首轮销售沟通反馈表

首轮销售沟通反馈表						
甲方岗位						
乙方参与岗位						
类别	项目	反馈内容	序号	分值	得分	关键记录与反馈
沟通过程	商务表现	仪表及肢体语言合理	1	10		
	沟通内容	表达自己关心的问题	2	15		
		讲述内容表达清晰	3	10		
		考察和确认我方能力	4	10		
		逻辑清晰合理/思路连贯	5	10		
		沟通过程与约见理由一致	6	10		
沟通效果	达成共识	明确存在问题和需求	7	15		
		确认行动承诺	8	20		
分值合计				100		

异议与思考：____

____

老师点评记录：____

____

任务情境15　识别目标与角色

一、情境说明

识别目标与角色即分析项目形势，是指在大项目销售过程中，我们对客户组织、竞争态势等与销售相关的项目局势进行分析，确定我们所处的位置在哪里，才知道要达到目的下一步应该怎么走，并整理出未知信息，在项目中才能有效地明确目标、制订策略。

在项目初期，识别目标与角色主要包括确定单一销售目标、识别采购角色、判断项目阶段。

我们要确定客户到底想买什么，我们准备卖什么，需要对客户的真正需求、满足这些需求所需要的产品和服务进行汇总，分析出计划向客户销售什么，从而明确提供给客户什么样的建议。此即为确定单一销售目标。

同时要分析与每个客户关键人就问题和需求所进行的沟通的进展情况，每个客户关键人采用什么样的销售策略和动作来推进销售流程。此即为判断项目阶段。

复杂大项目销售中，客户往往会从不同部门抽调人员成立采购委员会，有多人参与决策，甚至项目后期会临时有意想不到的局外人参与此项目的决策，我们需要找到在销售过程中决定项目成败的关键人，并分析每个关键人在项目中的采购职能，以及对我们会有什么影响。此即乙方识别采购角色。

大项目销售变幻莫测，在销售过程中随时会出现新的、不确定的信息，甚至随时都会发生很多意外。销售的成功是由多个关键人、多种因素决定的，这些角色、因素之间有一种虚拟的关系。如果我们只针对"单一"的变化而采取"有针对性"的行动的时候，就很容易忽略此行动对全局的影响。如果我们希望能够随时判断自己的位置，对大项目做出全局性、结构性的分析，而不是根据随时出现的变化而采取行动，我们就要时刻提醒自己分析形势。

二、学习目标

应用对单一销售目标、项目阶段、采购角色的概念的学习，分析制订单一销售目标。

三、学习过程

序号	学习步骤	时间/分钟
1	阅读情境	2
2	小组讨论	15
3	课件学习	30
老师解析知识难点		10
4	在线提交"单一销售目标表"	18
老师点评、总结		10
时间合计		85

步骤4:在线提交“单一销售目标表”

1. 请组长组织小组成员每人静默3分钟,总结所学知识点视频内容。

2. 按顺序每人分享对所学知识点视频的理解,并分类汇总,达成共识。

3. 组长组织小组成员分工协作,共同完成并检查“单一销售目标表”(表3-10),指定小组成员录入系统,确保每一位成员理解作业并达成共识,如小组成员有异议,可以单独记录在表3-10下方。

表3-10 单一销售目标表

单一销售目标表	
目前项目阶段	
竞争态势	
采购角色	客户角色
决策者 EB	
技术把关者 TB	
使用者 UB	
教练 COACH	
项目	内容
销售的产品/服务/解决方案	
使用部门/领域	
数量/单位	
合同额	
首付款	
签订合同时间	
首付款到账时间	

异议与思考：____

____

老师点评记录：____

____

3.2.2 典型任务十一 呈现优势

［典型任务说明］

呈现优势是指在乙方销售过程中向客户展示能力，证明与竞争对手相比有独特的优势，此过程中还包括和客户共同制订满足客户概念的需求标准，共同创造一个达成共识的解决方案，从而使双方都有意愿做出行动承诺，使合作的把握更大。

［在销售实践中的应用］

优势和劣势都是客户眼中的，产品只有特点，没有优点和缺点。客户针对他的概念看到优势和劣势，与客户的概念无关就没有优、劣势可言。客户基于我们与竞争对手的差异做出决策，所以我们必须找到自身差异化的优势，并与客户的概念关联起来。

随着市场竞争加剧，各家公司产品本身的差异越来越小，各种概念和名词满天飞，客户都不知道听谁的。销售人员要找到客户眼中自己区别于竞争对手的差异，就像沙里淘金一样难。可如果找不到，就和竞争对手没什么差别，那客户凭什么觉得我们比别人强呢？

因此必须找到一种区别于竞争对手的差异，这种差异必须是从客户的概念出发，在客户的角度上是重要的优势。这种差异还应是独特的，最好是自己有而对手没有的，或者即使双方都有，至少也是我们和客户达成共识的优势。

［典型任务十一呈现优势的学习目标］

<table>
<tr><td colspan="2">学习目标</td><td>时间/分钟</td></tr>
<tr><td colspan="2">1. 应用提问技巧和倾听技巧，进行第二轮客户拜访沟通。
2. 应用对呈现优势、拆解项目局势的流程和方法的学习，进行竞争局势分析，制订销售流程</td><td>290</td></tr>
<tr><td>情境编号</td><td>乙方</td><td>课时/分钟</td></tr>
<tr><td>16－乙</td><td>呈现优势</td><td>205</td></tr>
<tr><td>17－乙</td><td>分析流程与态度</td><td>85</td></tr>
<tr><td>知识点</td><td colspan="2">KP23：独特差异优势；KP24：应用场景呈现；KP25：合作经营流程；
KP26：客户态度；KP27：采购决策模型；KP28：竞争分析</td></tr>
</table>

任务情境16 呈现优势

一、情境说明

乙方在首轮拜访客户后，需要对客户的问题和需求进行梳理，同时根据与客户探讨的解决方案、达成的行动承诺、客户对建议的解决方案的态度，以及还需要我们提供的有效信息，在第二轮拜访中向客户呈现我们可以协助客户解决问题、满足需求、实现目标的能力优势证明，同时在此过程中呈现与竞争对手相比的独特差异优势，并和客户共同创造最佳解决方案。

二、学习目标

1. 应用提问技巧和倾听技巧，在第二轮客户拜访中呈现优势。

2. 认识差异优势在销售中的重要性，讲述差异优势的定义和标准，基于客户概念制订差异优势清单。

3. 认知并阐述传统销售与合作经营的不同，应用SPAR句式呈现客户应用场景，基于客户概念和合作经营流程制订沟通表。

4. 应用“独特差异优势、应用场景呈现、合作经营流程”的学习，对第二轮客户拜访沟通效果进行评估。

三、学习过程

序号	学习步骤	时间/分钟
1	阅读情境	5
2	小组讨论	30
3	完成并发送“第二轮拜访预约邮件”	15
4	在线和客户相互回复确认	15
5	完成练习“第二轮客户拜访准备表”	30
6	线下行动	30
7	小组讨论	10
反馈、点评、总结		20
8	课件学习	30
老师解析知识难点		10
9	在线提交“第二轮客户拜访反馈表”	10
时间合计		205

步骤3：完成并发送“第二轮拜访预约邮件”

请组长组织小组成员共同完成“第二轮拜访预约邮件”（表3－11），确保每一位成员理解作业并达成共识，如小组成员有异议，可以单独记录在表3－11下方。

若邀约拜访角色拒绝拜访，请选择别的客户角色再次发送预约邮件。

表 3 – 11　第二轮拜访预约邮件

第二轮拜访预约邮件	
组名	
收件人	
自我介绍	我是谁:________ 是否见过:________ 资历经验:________
成功故事	“由于________(某些业务现状),________(同行业客户)公司的(业务上的)问题非常突出。我们帮他们解决了这个问题,现在他们公司________(应用场景)。同时,我们帮助很多客户解决了类似问题,包括________(同行客户名单),不知道您是否有兴趣深入了解?(或:不知道您对此是否感兴趣)”
约见理由	目的:________ 过程:________ 收益:________
收尾致辞	

异议与思考:________

____

老师点评记录:________

____

步骤 4:在线和客户相互回复确认

步骤 5:完成练习“第二轮客户拜访准备表”

请组长组织小组成员共同完成并检查作业表“第二轮客户拜访准备表”(表 3 – 12),确保每一位成员理解作业并达成共识,如小组成员有异议,可以单独记录在表 3 – 12 下方。

表 3 – 12　第二轮客户拜访准备表

第二轮客户拜访准备表	
项目	内容
拜访对象	
自我介绍	

表 3－12(续)

项目	内容
成功故事	
约见理由	
收尾总结辞	
客户潜在需求	
需要的材料、工具	
客户的“问题清单”	
客户可能有的提问	
准备的回答	
准备获取的最佳行动承诺	
准备获取的最小行动承诺	
准备的提问	
我方参与人员	
交流形式	

异议与思考：____

____

老师点评记录：____

____

步骤6：线下行动

步骤7：小组讨论

请组长组织小组成员共同讨论并明确以下问题：

本轮沟通，你了解了哪些客户概念和需求？还需要了解哪些信息？有哪些感受？

步骤8：课件学习

步骤9：在线提交"第二轮客户拜访反馈表"

1. 请组长组织小组成员每人静默3分钟，总结所学知识点视频内容。

2. 按顺序每人分享对所学知识点视频的理解，并分类汇总，达成共识。对第二轮客户拜访进行总结，填写表3－13和表3－14。

3. 组长组织小组成员分工协作，共同完成并检查"第二轮客户拜访反馈表"（表3－15），指定小组成员录入系统，确保每一位成员理解作业并达成共识，如小组成员有异议，可以单独记录在表3－15下方。

表3－13　第二轮客户拜访总结1

第二轮客户拜访总结	
组名	
项目	内容
客户需求	
解决了客户的哪些问题	
探讨的解决方案	
获取的行动承诺	
下一步待解决问题	
拜访中自我存在的问题	

表 3-14 第二轮客户拜访总结 2

第二轮客户拜访总结				
乙方名称	比较好的方面	可以更好的方面	对销售进程的影响	点评、反馈

讨论笔记:________________

反馈、点评、总结笔记:________________

表 3-15 第二轮销售沟通反馈表

第二轮销售沟通反馈表						
甲方岗位						
乙方参与岗位						
类别	项目	反馈内容	序号	分值	得分	关键记录与反馈
沟通过程	商务表现	仪表及肢体语言合理	1	10		
	沟通内容	表达自己关心的问题	2	15		
		讲述内容表达清晰	3	10		
		考察和确认我方能力	4	10		
		逻辑清晰合理/思路连贯	5	10		
		沟通过程与约见理由一致	6	10		
沟通效果	达成共识	明确存在问题和需求	7	15		
		确认行动承诺	8	20		
分值合计				100		

异议与思考：

老师点评记录：

任务情境17　分析流程与态度

一、情境说明

在项目中期，经过前期与甲方的沟通，分析当前局势变化，判断客户态度和竞争分析，同时分析客户的采购决策流程，并制订相应的销售流程和应对策略。

复杂销售中，客户决策受很多人的态度和想法影响，销售必须关注客户中多个角色共同的影响，而这些影响是由每一个角色的态度和支持程度决定的。针对每个角色进行分析和判断，获知每个角色的态度，然后才有可能将这些态度和力量进行综合，并据此制订有效的销售策略和行动计划。此即为判断客户态度。

客户采购流程是我们销售主要准线之一，理清客户采购流程、决策程序，了解在不同项目阶段，每个关键人所起的作用是什么，决策流程是怎么样的，才能保证在销售的时候能制订恰当的策略，在不同环节找到合适的人，从而顺利地完成销售。

二、学习目标

应用客户态度、采购决策模型、竞争分析的学习，分析制订销售流程。

三、学习过程

序号	学习步骤	时间/分钟
1	阅读情境	5
2	小组讨论	15
3	课件学习	30
老师解析知识难点		10
4	在线提交“拟订销售流程表”	15
点评、总结		10
时间合计		85

步骤4：在线提交“拟订销售流程表”

1. 请组长组织小组成员每人静默3分钟，总结所学知识点视频内容。

2. 按顺序每人分享对所学知识点视频的理解，并分类汇总，达成共识。

3. 组长组织小组成员分工协作，共同完成并检查“拟订销售流程表”（表3－16），指定小组成员录入系统，确保每一位成员理解作业并达成共识，如小组成员有异议，可以单独记录在表3－16下方。

表3－16 拟订销售流程表

拟订销售流程表			
主要竞争对手(1～3家)			
竞争态势(打√)	单一竞争□领先对手□平手□劣势□		
客户采购小组组长		客户采购小组成员	
客户决策小组组长		客户决策小组成员	
项目阶段	行动类型	行动目标	动用资源
潜在阶段			
意向阶段			
立项阶段			
方案阶段			
商务阶段			
成交			

异议与思考：____________________

____

老师点评记录：____________________

____

3.2.3 典型任务十二 获得承诺

［典型任务说明］

获得承诺是指乙方在销售过程中处理客户顾虑，获得在当前销售阶段和流程范围内，满足客户概念和个人利益的客户具体行动动作。这个行动承诺是现实合理的，在客户权限范围之内、力所能及的。一步步获得客户一个个的行动承诺，是通往销售成功的阶梯。

[在销售实践中的应用]

在大项目销售中,客户往往由于种种顾虑不会轻易给销售人员承诺。但顾虑和反对是有所区别的,我们可以把客户对方案、产品以及实施方面的质疑称为反对,而把他自己对他的组织内部和对他个人的影响的担心称作"顾虑"。客户因为担心不敢或者不愿意做什么事情,于是就有了顾虑。顾虑的重点在于不敢和不愿意,不像反对那样,是基于客观现实的具体情况。顾虑是客户内心深处的、源于态度和看法的,是一种无形的、个人的感觉。同时,反对意见往往来源于顾虑,因顾虑才会形成反对意见。

客户顾虑更多源于满足客户概念过程中可能出现的风险和不确定性。人、方案、公司、需求、成本、风险等都会引起客户的顾虑。在没有和客户确认的情况下,我们永远不要认为自己知道客户真正的顾虑是什么,不要假设,更不要臆断。

客户获取信息,源于个人动机,根据自己的逻辑进行思考,做出自己的判断,形成自己的态度和决定。在这一过程中,积极的部分成了认可,消极的部分成了顾虑。因此在销售过程中,及时处理客户顾虑,获得客户认可和行动承诺是非常重要的一个环节。

[典型任务十二获得承诺的学习目标]

<table>
<tr><td colspan="2">学习目标</td><td>时间/分钟</td></tr>
<tr><td colspan="2">1. 应用呈现优势的流程和方法,在第三轮客户拜访中解决客户顾虑,获得客户承诺。
2. 应用获得承诺的流程和方法,对第三轮客户拜访沟通进行效果评估。
3. 应用对竞争策略的学习,分析制订销售行动计划</td><td>280</td></tr>
<tr><td>情境编号</td><td>乙方</td><td>课时/分钟</td></tr>
<tr><td>18 – 乙</td><td>获得承诺</td><td>195</td></tr>
<tr><td>18 – 乙</td><td>制订销售策略与计划</td><td>85</td></tr>
<tr><td>知识点</td><td colspan="2">KP29:获得客户承诺;KP30:处理客户顾虑;KP31:关键人应对策略;
KP32:资源发展与使用;KP33:竞争策略</td></tr>
</table>

任务情境18　获得承诺

一、情境说明

乙方在第二轮拜访客户后,根据与客户达成的行动承诺、客户对建议的解决方案的认可情况、存在的顾虑,以及还需要我们提供的有效信息,进行下一轮的拜访准备。乙方经过对客户顾虑的分析,结合上一轮沟通中需要解决的问题和行动计划,在下一轮与客户的沟通中予以解决,获得客户下一步行动承诺。

二、学习目标

1. 应用呈现优势的流程和方法,在第三轮客户拜访中解决客户顾虑,获得客户承诺。
2. 阐述客户顾虑与反对的表现,识别顾虑类问题和太极推手技巧。

3. 应用获得承诺的流程和方法,对第三轮客户拜访沟通进行效果评估。

三、学习过程

序号	学习步骤	时间/分钟
1	阅读情境	5
2	小组讨论	30
3	完成并发送“第三轮拜访预约邮件”	15
4	在线和客户相互回复确认	15
5	完成练习“第三轮客户拜访准备表”	30
6	线下行动	30
7	小组讨论	10
反馈、点评、总结		20
8	课件学习	20
老师解析知识难点		10
9	在线提交“第三轮客户拜访反馈表”	10
时间合计		195

步骤3:完成并发送“第三轮拜访预约邮件”

请组长组织小组成员共同完成“第三轮拜访预约邮件”(表3-17),确保每一位成员理解作业并达成共识,如小组成员有异议,可以单独记录在表3-17下方。

若邀约拜访角色拒绝拜访,请选择别的客户角色再次发送预约邮件。

表3-17 第三轮拜访预约邮件

第三轮拜访预约邮件	
组名	
收件人	
自我介绍	我是谁:________ 是否见过:________ 资历经验:________
成功故事	“由于________(某些业务现状),________(同行业客户)公司____________的(业务上的)问题非常突出。我们帮他们解决了这个问题,现在他们公司____________(应用场景)。同时,我们帮助很多客户解决了类似问题,包括________(同行客户名单),不知道您是否有兴趣深入了解?(或:不知道您对此是否感兴趣)”

表 3－17(续)

第三轮拜访预约邮件	
约见理由	目的：______ 过程：______ 收益：______
收尾致辞	

异议与思考：______

______

老师点评记录：______

______

步骤 4：在线和客户相互回复确认

步骤 5：完成练习“第三轮客户拜访准备表”

请组长组织小组成员共同完成并检查“第三轮客户拜访准备表”(表 3－18)，确保每一位成员理解作业并达成共识，如小组成员有异议，可以单独记录在表 3－18 下方。

表 3－18　第三轮客户拜访准备表

第三轮客户拜访准备表	
项目	内容
拜访对象	
自我介绍	
成功故事	
约见理由	
收尾总结辞	
客户潜在需求	
需要的材料、工具	

表 3-18(续)

项目	内容
客户的“问题清单”	
客户可能有的提问	
准备的回答	
准备获取的最佳行动承诺	
准备获取的最小行动承诺	
准备的提问	
我方参与人员	
交流形式	

异议与思考:______________________________

____

老师点评记录:______________________________

____

步骤6:线下行动

步骤7:小组讨论

请组长组织小组成员共同讨论并明确以下问题:

本轮沟通,你了解了哪些客户概念和需求?还需要了解哪些信息?获得了什么样的行动承诺?对推动销售进程有什么影响?有哪些感受?

步骤8:课件学习

步骤9:在线提交“第三轮客户拜访反馈表”

1. 请组长组织小组成员每人静默3分钟,总结所学知识点视频内容。

2. 按顺序每人分享对所学知识点视频的理解,并分类汇总,达成共识。对第三轮客户拜访进行总结,填写表3-19和表3-20。

3. 组长组织小组成员分工协作，共同完成并检查“第三轮客户拜访反馈表”（表 3－21），指定小组成员录入系统，确保每一位成员理解作业并达成共识，如小组成员有异议，可以单独记录在表 3－21 中。

表 3－19　第三轮客户拜访总结 1

第三轮客户拜访总结	
组名	
项目	内容
客户需求	
解决了客户的哪些问题	
探讨的解决方案	
获取的行动承诺	
下一步待解决问题	
拜访中自我存在的问题	

表 3－20　第三轮客户拜访总结 2

第三轮客户拜访总结				
乙方名称	比较好的方面	可以更好的方面	对销售进程的影响	点评、反馈

表3-20(续)

乙方名称	比较好的方面	可以更好的方面	对销售进程的影响	点评、反馈

讨论笔记：____

____

____

反馈、点评、总结笔记：____

____

____

表3-21 第三轮客户拜访反馈表

<table>
<tr><td colspan="7">第三轮客户拜访反馈表</td></tr>
<tr><td>甲方岗位</td><td colspan="6"></td></tr>
<tr><td>乙方参与岗位</td><td colspan="6"></td></tr>
<tr><td>类别</td><td>项目</td><td>反馈内容</td><td>序号</td><td>分值</td><td>得分</td><td>关键记录与反馈</td></tr>
<tr><td rowspan="6">沟通过程</td><td>商务表现</td><td>仪表及肢体语言合理</td><td>1</td><td>10</td><td></td><td></td></tr>
<tr><td rowspan="5">沟通内容</td><td>表达自己关心的问题</td><td>2</td><td>15</td><td></td><td></td></tr>
<tr><td>讲述内容表达清晰</td><td>3</td><td>10</td><td></td><td></td></tr>
<tr><td>考察和确认我方能力</td><td>4</td><td>10</td><td></td><td></td></tr>
<tr><td>逻辑清晰合理/思路连贯</td><td>5</td><td>10</td><td></td><td></td></tr>
<tr><td>沟通过程与约见理由一致</td><td>6</td><td>10</td><td></td><td></td></tr>
<tr><td>类别</td><td>项目</td><td>反馈内容</td><td>序号</td><td>分值</td><td>得分</td><td>关键记录与反馈</td></tr>
<tr><td rowspan="2">沟通效果</td><td rowspan="2">达成共识</td><td>明确存在问题和需求</td><td rowspan="2">7</td><td>15</td><td rowspan="2"></td><td rowspan="2"></td></tr>
<tr><td>确认行动承诺</td><td>20</td></tr>
<tr><td colspan="4">分值合计</td><td>100</td><td></td><td></td></tr>
</table>

任务情境19　制订销售策略与计划

一、情境说明

制订销售策略是指乙方根据形势的变化，针对特定目标收集各类信息、分析和判断各种要素和形势，并制订有效的关键人应对策略、行动计划和资源部署计划。

在销售过程中，销售人员不能只关注一两个角色，应关注多人构成的“面”，而不是一点和一条线。时时刻刻关注客户每个角色和每个决策影响力，关注针对每个决策影响力的认知和变化，以客户的认知和内心感受为导向，以满足客户的企业价值和每个角色的个人价值为出发点，有效制订针对每个角色的每次行动目标，选择最优的行动类型和行动方案，动用完成这个任务最合适的资源，以赢得客户全面长期的支持为最终结果，来开展销售工作。

在乙方销售过程中，需要针对影响销售结果的不同关键人，予以深入剖析，处理异议和顾虑，制订和他们达成双赢的销售策略。此即为乙方制订关键人应对策略。

在复杂项目销售中，销售人员不是万能的，面对客户复杂敏感的需求约束，销售人员往往不能专业地对客户的需求做出最恰当的应对策略。此时就需要销售人员合理有效调动公司内部的资源，以应对此类情形。销售人员不仅仅要处理好与客户之间的关系，也要处理好与公司内部的关系，这样才能在需要的时候，调集足够的资源和能量帮助自己去打单。从“单兵作战”上升到“团队合作”以达到拉大与竞争对手的距离，以确保自己优势的目的。此即为乙方制订资源发展和使用策略。

二、学习目标

应用对关键人应对策略、资源发展与使用、竞争策略的学习，分析制订销售行动计划。

三、学习过程

序号	学习步骤	时间/分钟
1	阅读情境	2
2	小组讨论	18
3	课件学习	30
老师解析知识难点		10
4	在线提交“销售行动计划表”	15
老师点评、总结		10
时间合计		85

步骤4：在线提交“销售行动计划表”

1. 请组长组织小组成员每人静默3分钟，总结所学知识点视频内容。

2. 按顺序每人分享对所学知识点视频的理解，并分类汇总，达成共识。

3. 组长组织小组成员分工协作，共同完成并检查“销售行动计划表”（表3－22），指定小组成员录入系统，确保每一位成员理解作业并达成共识，如小组成员有异议，可以单独记录在表3－22下方。

表 3-22 销售行动计划表

销售行动计划表											
状态分析					目标状态		行动计划与资源				
职务	角色	反馈	程度	现阶段参与度	反馈	程度	是否内线	行动顺序	行动类型	行动目标（描述）	动用资源
总经理											
企管经理											
信息经理											
销售经理											
采购经理											
生产经理											
财务经理											

异议与思考：____

____

老点点评记录：____

____

3.2.4 典型任务十三 拜访总结与评估

[典型任务说明]

拜访总结与评估是指在每次销售拜访后，对基于拜访目的和行动承诺的达成情况、客户态度等拜访效果进行评估，以分析客户信任建立度，评估销售目标的达成机会。

[在销售实践中的应用]

在复杂销售中，客户为了掌握采购过程的控制权，往往会特意让供应商两眼一抹黑，不想让供应商发觉没有机会而主动退出，从而缺少了制造供应商之间竞争、压价、备选的机会，或为了彰显公平公正及相关知识的欠缺，不能向供应商表达准确的信息。

事实证明，销售人员往往都是天生的乐天派，对项目局势的分析和判断更多的是凭感觉。但在实际竞争激烈的复杂销售中，很多销售人员在凭感觉的盲目乐观下，即便丢单都不知道原因，或困惑于为什么在项目后期和决策前，和自己关系很好的客户开始和自己"躲猫猫"，或事后发现客户是和自己玩起了"无间道"。

因此，在乙方和客户沟通过程中，销售人员会得到许多错误信息，这是无法避免的。而信息是策略的雷达，所以不管什么人就什么事情所说的话，都不可过于轻信，要坚持对每次销售拜访效果和不同来源收集的信息彼此对照，进行评估，只有这样才能发现真相，知道谁总是说实话，谁不是，进而分析"机会"和客户信任度，判断是否在每次拜访中顺利达成了拜访目的，获得有效承诺，从而一步步搭建通向成功的阶梯。

[典型任务十三拜访总结与评估的学习目标]

<table>
<tr><th colspan="2">学习目标</th><th>时间/分钟</th></tr>
<tr><td colspan="2">应用拜访总结与评估的标准和方法,结合与客户的前三次沟通结果,评估客户信任建立情况,进行销售机会评估</td><td rowspan="3">55</td></tr>
<tr><td>情境编号</td><td>乙方</td></tr>
<tr><td>20-乙</td><td>销售机会评估</td></tr>
<tr><td>知识点</td><td colspan="2">KP34:拜访评估</td></tr>
</table>

任务情境20　销售机会评估

一、情境说明

在复杂销售中,乙方的销售过程管理和策略制订更多是面向建立竞争优势、赢得订单合同“机会”的评估和管理。因此乙方需要分析和评估客户关系是否赢得了客户信任。此任务情境即乙方进行销售机会评估。

二、学习目标

1. 应用拜访总结与评估的标准和方法,结合与客户的前三次沟通结果,通过问题清单评估客户信任建立情况,进行销售机会评估。

2. 识别客户信任与不信任的表现,并运用赢得客户信任的主要途径和方法,获得客户信任。

三、学习过程

序号	学习步骤	时间/分钟
1	阅读情境	5
2	小组讨论	15
3	课件学习	10
老师解析知识难点		10
4	完成练习“销售机会评估表”	15
时间合计		55

步骤4:完成练习“销售机会评估表”

1. 请组长组织小组成员每人静默3分钟,总结所学知识点视频内容。

2. 按顺序每人分享对所学知识点视频的理解,并分类汇总,达成共识。

3. 组长组织小组成员分工协作,共同完成并检查“销售机会评估表”(表3-23),确保每一位成员理解作业并达成共识,如小组成员有异议,可以单独记录在表3-23下方。

表3－23 销售机会评估表

销售机会评估表				
组名				
序号	项目	评估内容	分值	自评分
1	拜访评估	客户概念把握度	5	
2		客户需求把握度	5	
3		建议方案满足度	5	
4		有用信息收集度	5	
5		约见理由认可度	5	
6		独特差异优势认可度	5	
7		合作经营效果	5	
8		提问效果	5	
9		黄金沉默效果	5	
10	拜访评估	获得行动承诺效果	5	
11		解决顾虑效果	5	
12		最佳行动承诺获取度	5	
13		最小行动承诺获取度	5	
14	信任表现	谈论你的产品/服务和他需求的关系	5	
15		问“如何”，精力放在方案上	5	
16		提供高度个性化的数据和信息	5	
17		给你提供一些内部情况	5	
18		分享他的想法和建议	5	
19		沟通非常专注和明确	5	
20		开放内心的肢体语言	5	
分值合计			100	

备注：

100分（热情拥护），90分（大力支持），80分（支持），70分（感兴趣），60分（认知相同），50分（应该不会拒绝），40分（不感兴趣），30分（做负面评价），20分（抗拒你的建议），10分（坚决抵制你的销售）

异议与思考：______________________________

____

老师点评记录：______________________________

____

3.2.5 典型任务十四　关键人拜访

[典型任务说明]

关键人拜访是指在复杂销售中后期扬长补短、绝地反击，期望通过后续的销售拜访，巩固优势，缩短劣势，弥补项目前期所暴露的问题，寻求能影响决策的关键者认可和支持的环节。关键人拜访中最重要的是高层拜访，高层拜访是指在复杂销售中，接触实权人物，面向“总”字头的高层人物销售，并获得支持和认可。销售人员无法将产品销售给无决策权的角色。

[在销售实践中的应用]

当项目进行到中后期时，经过前期与客户拜访沟通的效果，客户态度判断及竞争局势分析，此时我们的竞争优、劣势基本已经比较明显，各供应商的心态会有不同的变化，或洋洋得意，或想赢怕输，或激进行事。所以此时更需要谨小慎微，分析我们还有哪些关键人没有覆盖到，与竞争对手相比谁能争取到更多有利的支持者，并在此过程中尽量比对手少犯错误。因为在实际大项目销售中，决定最后赢得订单的往往是看谁犯的错误少。

在大项目销售中，虽然企业都会为了控制采购风险，体现民主，从而成立采购委员会这样的项目小组，但不是每个成员的投票都拥有相同的分值，即有些选票要比其他选票更重要。因为一个采购委员会经常无法形成一致的意见，而且也缺少一套解决分歧的明确办法。因此，高层人物的意见倾向会从政治角度影响决策结果。

同时，每一家公司都有着两套组织结构：一套是画在图表上的正式结构；另一套则是这个组织中各色人物彼此之间的关系。所以，各采购角色的权力、相互之间的政治关系、对高层的影响力程度，都会最终不同程度的决定一个角色的意见对决策结果的影响程度。如果销售人员在复杂销售中，不懂得如何发现、建立或使用权力，那么你就会成为复杂销售中的牺牲者，而不是胜利者。

[典型任务十四关键人拜访的学习目标]

<table>
<tr><th colspan="2">学习目标</th><th>时间/分钟</th></tr>
<tr><td colspan="2">根据拟订的销售行动计划表，进行最后两次客户拜访，验证竞争策略和行动计划的有效性，获得关键决策影响者的认可和支持，建立竞争优势</td><td rowspan="3">295</td></tr>
<tr><td>情境编号</td><td>乙方</td></tr>
<tr><td>21－乙</td><td>关键人拜访</td></tr>
<tr><td>知识点</td><td colspan="2">KP35：高层拜访</td></tr>
</table>

任务情境21　关键人拜访

一、情境说明

乙方在销售过程中，通过三次客户拜访后，需要根据竞争策略和销售行动计划，在下一步拜访沟通中，了解能够影响销售的项目决策关键人的态度，进行那些能够查漏补缺的行动，固强制弱，进一步明确竞争优、劣势，就甲方提出的风险点及证明依据做出列举和回应，解决客户关心的问题和顾虑。

二、学习目标

根据拟订的销售行动计划表，进行最后两次客户拜访，验证竞争策略和行动计划的有效性，获得关键决策影响者的认可和支持，建立竞争优势。

三、学习过程

序号	学习步骤	时间/分钟
1	阅读情境	5
2	小组讨论	15
3	向拜访角色发送“第四轮拜访预约邮件”	15
4	在线和客户相互回复确认	30
5	完成“第四轮客户拜访准备表”	5
6	线下行动	30
7	在线提交“第四轮客户拜访沟通反馈表”	15
8	向拜访角色发送“第五轮拜访预约邮件”	30
9	在线和客户相互回复确认	30
10	完成“第五轮客户拜访准备表”	30
11	线下行动	30
12	小组讨论	10
反馈、点评、总结		20
13	课件学习	10
老师解析知识难点		10
14	在线提交“第五轮客户拜访反馈表”	10
时间合计		295

步骤3：向拜访角色发送“第四轮拜访预约邮件”

请组长组织小组成员共同完成“第四轮拜访预约邮件”（表3－24），确保每一位成员理解作业并达成共识，如小组成员有异议，可以单独记录在表3－24下方。

若邀约拜访角色拒绝拜访，请选择别的客户角色再次发送预约邮件。

表 3－24　第四轮拜访预约邮件

第四轮拜访预约邮件	
组名	
收件人	
自我介绍	我是谁：__________ 是否见过：__________ 资历经验：__________
成功故事	“由于__________（某些业务现状），__________（同行业客户）公司的（业务上的）问题非常突出。我们帮他们解决了这个问题，现在他们公司__________（应用场景）。同时，我们帮助很多客户解决了类似问题，包括__________（同行客户名单），不知道您是否有兴趣深入了解？（或：不知道您对此是否感兴趣）”
约见理由	目的：__________ 过程：__________ 收益：__________
收尾致辞	

异议与思考：______________________________

____

老师点评记录：______________________________

____

步骤4：在线和客户相互回复确认

步骤5：完成“第四轮客户拜访准备表”

请组长组织小组成员共同完成并检查“第四轮拜访准备表”（表3－25），确保每一位成员理解作业并达成共识，如小组成员有异议，可以单独记录在表3－25下方。

表 3－25　第四轮客户拜访准备表

第四轮客户拜访准备表	
项目	内容
拜访对象	

表 3－25(续1)

项目	内容
自我介绍	
成功故事	
约见理由	
收尾总结辞	
客户潜在需求	
需要的材料、工具	
客户的“问题清单”	
客户可能有的提问	
准备的回答	
准备获取的最佳行动承诺	
准备获取的最小行动承诺	

表 3-25(续 2)

项目	内容
准备的提问	
我方参与人员	
交流形式	

异议与思考:______________________________

____

老师点评记录:______________________________

____

步骤 6:线下行动

步骤 7:在线提交“第四轮客户拜访沟通反馈表”

1. 请组长组织小组成员每人静默 3 分钟,总结所学知识点视频内容。

2. 按顺序每人分享对所学知识点视频的理解,并分类汇总,达成共识。

3. 组长组织小组成员分工协作,共同完成并检查“第四轮客户拜访沟通反馈表”(表 3-26),指定小组成员录入系统,确保每一位成员理解作业并达成共识,如小组成员有异议,可以单独记录在表 3-26 下方。

表 3-26 第四轮客户拜访沟通反馈表

第四轮客户拜访沟通反馈表						
甲方岗位						
乙方参与岗位						
类别	项目	反馈内容	序号	分值	得分	关键记录与反馈
沟通过程	商务表现	仪表及肢体语言合理	1	10		
	沟通内容	表达自己关心的问题	2	15		
		讲述内容表达清晰	3	10		
		考察和确认我方能力	4	10		
		逻辑清晰合理/思路连贯	5	10		
		沟通过程与约见理由一致	6	10		
沟通效果	达成共识	明确存在问题和需求	7	15		
		确认行动承诺	8	20		
分值合计				100		

异议与思考：______________________________

____

老师点评记录：______________________________

____

步骤8：向拜访角色发送“第五轮拜访预约邮件”

请组长组织小组成员共同完成“第五轮拜访预约邮件”（表3－27），确保每一位成员理解作业并达成共识，如小组成员有异议，可以单独记录在表3－27下方。

若邀约拜访角色拒绝拜访，请选择别的客户角色再次发送预约邮件。

表3－27 第五轮拜访预约邮件

第五轮拜访预约邮件	
组名	
收件人	
自我介绍	我是谁：______________ 是否见过：______________ 资历经验：______________
成功故事	“由于______________（某些业务现状），______________（同行业客户）公司的（业务上的）问题非常突出。我们帮他们解决了这个问题，现在他们公司______________（应用场景）。同时，我们帮助很多客户解决了类似问题，包括______________（同行客户名单），不知道您是否有兴趣深入了解？（或：不知道您对此是否感兴趣）”
约见理由	目的：______________ 过程：______________ 收益：______________
收尾致辞	

步骤9：在线和客户相互回复确认

步骤10：完成“第五轮客户拜访准备表”

请组长组织小组成员共同完成并检查“第五轮拜访准备表”（表3－28），确保每一位成员理解作业并达成共识，如小组成员有异议，可以单独记录在表3－28下方。

表 3－28　第五轮客户拜访准备表

第五轮客户拜访准备表	
项目	内容
拜访对象	
自我介绍	
成功故事	
约见理由	
收尾总结辞	
客户潜在需求	
需要的材料、工具	
客户的“问题清单”	
客户可能有的提问	
准备的回答	
准备获取的最佳行动承诺	
准备获取的最小行动承诺	

表 3-28(续)

项目	内容
准备的提问	
我方参与人员	
交流形式	

异议与思考:______________________________

____

老师点评记录:______________________________

____

步骤 11:线下行动

在此环节完成与所拜访客户的第五轮客户拜访沟通。

步骤 12:小组讨论

请组长组织小组成员共同讨论(填写表 3-29 和表 3-20),并明确以下问题:

本环节两次客户拜访沟通,你了解了哪些客户概念和需求?还需要了解哪些信息?有哪些感受?

表 3-29 第五轮客户拜访总结 1

第五轮客户拜访总结	
组名	
项目	内容
客户需求	
解决了客户的哪些问题	
探讨的解决方案	

表 3－29（续）

项目	内容
获取的行动承诺	
下一步待解决问题	
拜访中自我存在的问题	

表 3－30　第五轮客户拜访总结 2

第五轮客户拜访总结				
乙方名称	比较好的方面	可以更好的方面	对销售进程的影响	给予的点评、反馈

讨论笔记：____

____

____

反馈、点评、总结笔记：____

____

____

步骤13：课件学习

步骤14：在线提交“第五轮客户拜访反馈表”

1. 请组长组织小组成员每人静默3分钟，总结所学知识点视频内容。

2. 按顺序每人分享对所学知识点视频的理解，并分类汇总，达成共识。

3. 组长组织小组成员分工协作，共同完成并检查“第五轮客户拜访反馈表”（表3－31），指定小组成员录入系统，确保每一位成员理解作业并达成共识，如小组成员有异议，可以单独记录在表3－31下方。

表3－31　第五轮客户拜访反馈表

第五轮客户拜访反馈表						
甲方岗位						
乙方参与岗位						
类别	项目	反馈内容	序号	分值	得分	关键记录与反馈
沟通过程	商务表现	仪表及肢体语言合理	1	10		
	沟通内容	表达自己关心的问题	2	15		
		讲述内容表达清晰	3	10		
		考察和确认我方能力	4	10		
		逻辑清晰合理/思路连贯	5	10		
		沟通过程与约见理由一致	6	10		
沟通效果	达成共识	明确存在问题和需求	7	15		
		确认行动承诺	8	20		
分值合计				100		

异议与思考：____

____

老师点评记录：____

____

3.2.6 参考示例

任务情境16 呈现优势(1)

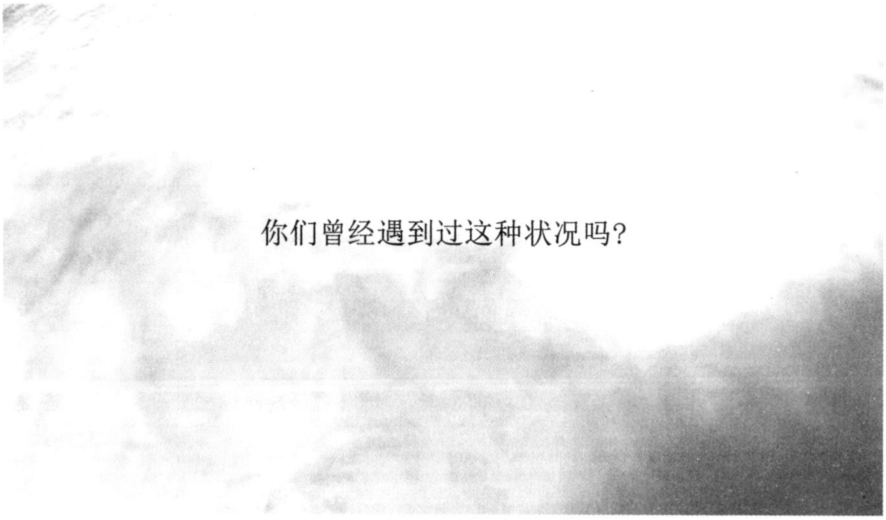

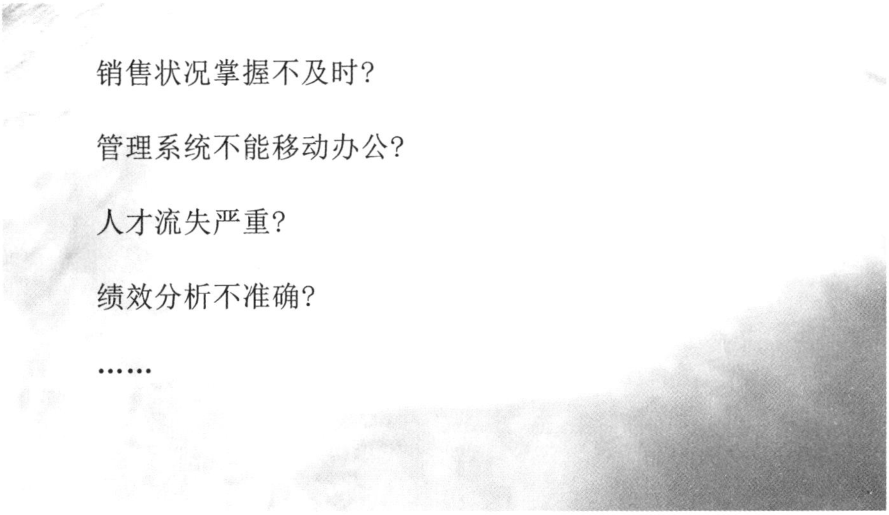
销售状况掌握不及时?
管理系统不能移动办公?
人才流失严重?
绩效分析不准确?
……

Don′t worry!

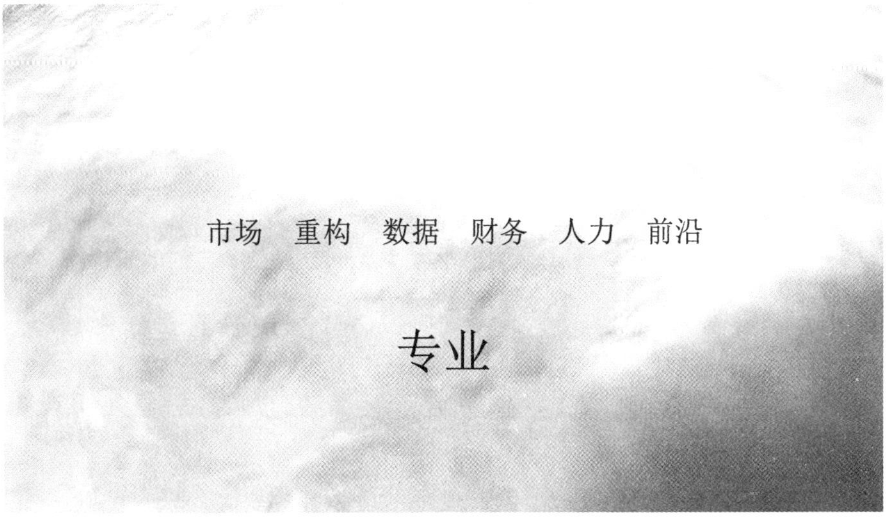
市场 重构 数据 财务 人力 前沿
专业

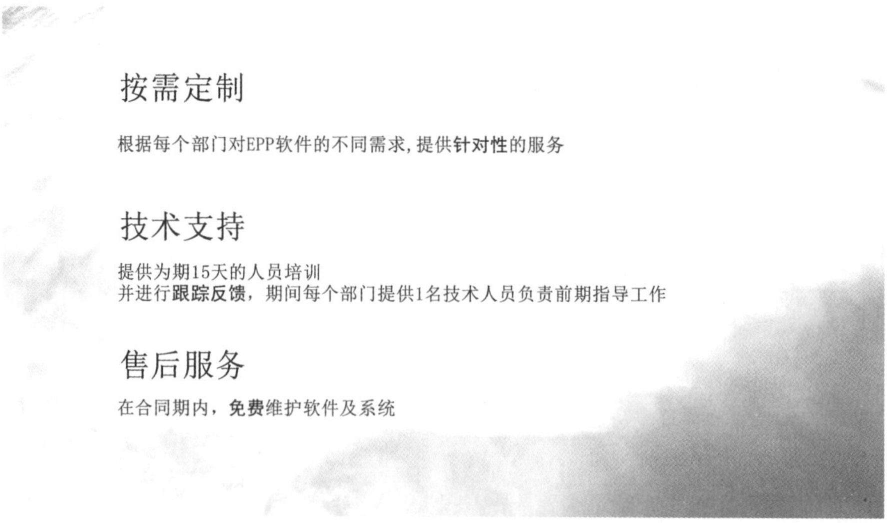

任务情境16　呈现优势(2)

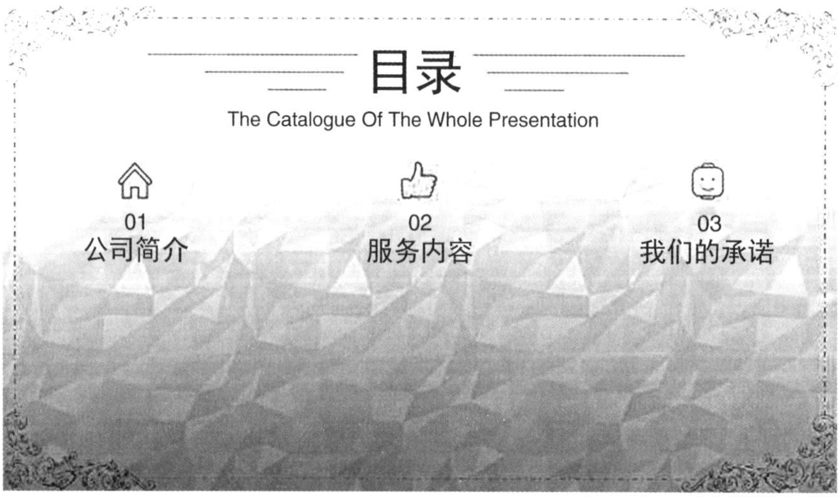

01
公司简介
Company Profile

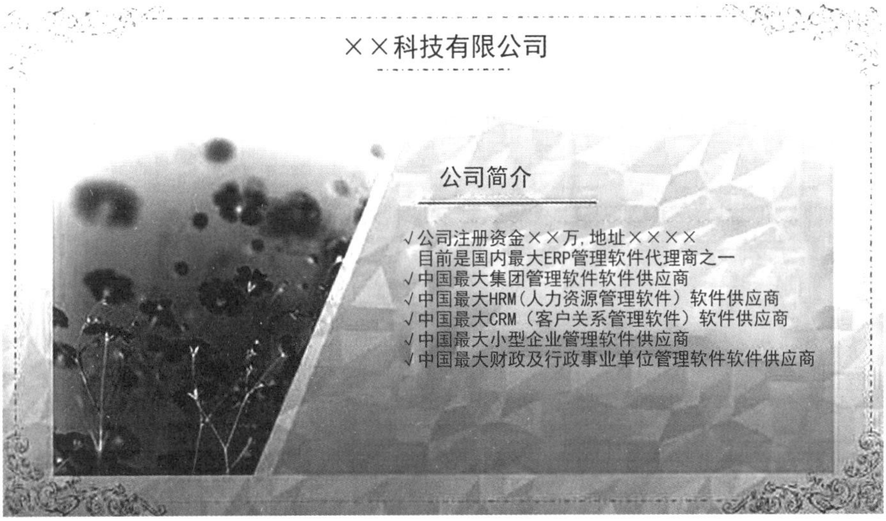
××科技有限公司
公司简介
√公司注册资金××万,地址××××
目前是国内最大ERP管理软件代理商之一
√中国最大集团管理软件软件供应商
√中国最大HRM(人力资源管理软件）软件供应商
√中国最大CRM（客户关系管理软件）软件供应商
√中国最大小型企业管理软件供应商
√中国最大财政及行政事业单位管理软件软件供应商

02
服务内容
Service Content

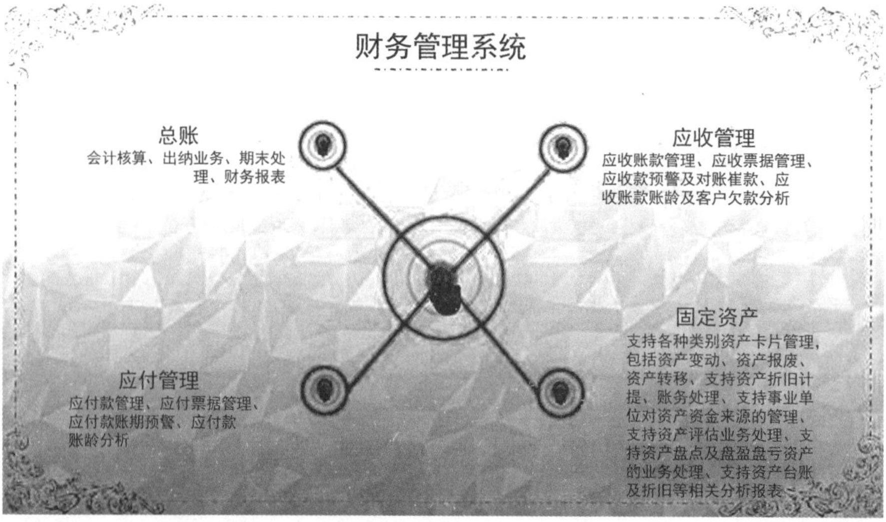
财务管理系统
总账
会计核算、出纳业务、期末处理、财务报表
应收管理
应收账款管理、应收票据管理、应收款预警及对账催款、应收账款账龄及客户欠款分析
固定资产
支持各种类别资产卡片管理，包括资产变动、资产报废、资产转移、支持资产折旧计提、账务处理、支持事业单位对资产资金来源的管理、支持资产评估业务处理、支持资产盘点及盘盈盘亏资产的业务处理、支持资产台账及折旧等相关分析报表
应付管理
应付款管理、应付票据管理、应付款账期预警、应付款账龄分析

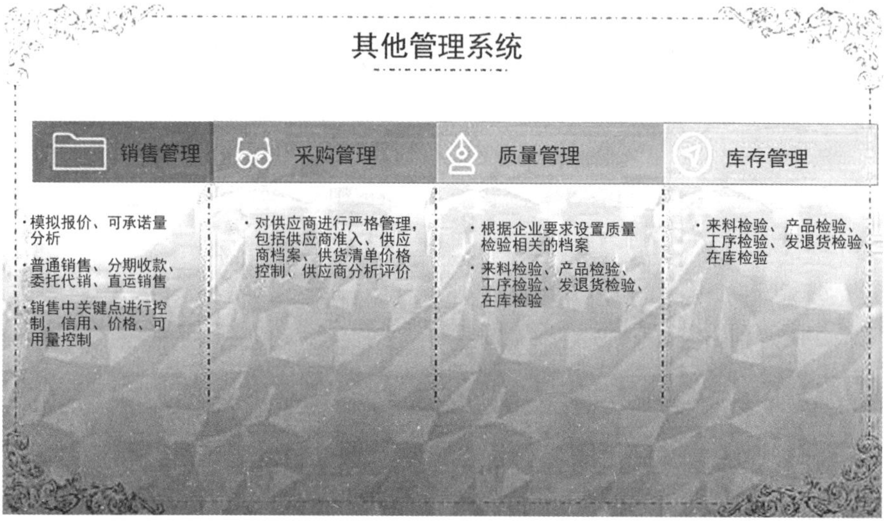
其他管理系统
销售管理
·模拟报价、可承诺量分析
·普通销售、分期收款、委托代销、直运销售
·销售中关键点进行控制，信用、价格、可用量控制
采购管理
·对供应商进行严格管理，包括供应商准入、供应商档案、供货清单价格控制、供应商分析评价
质量管理
·根据企业要求设置质量检验相关的档案
·来料检验、产品检验、工序检验、发退货检验、在库检验
库存管理
·来料检验、产品检验、工序检验、发退货检验、在库检验

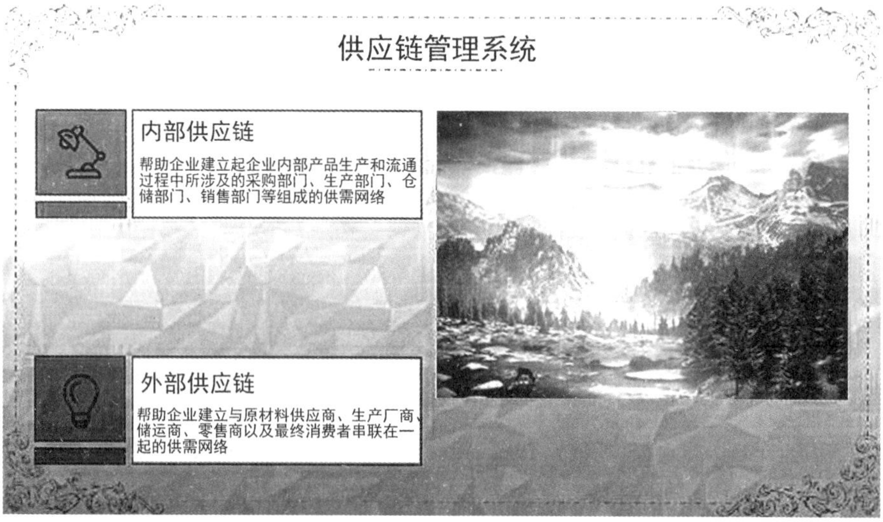
供应链管理系统
内部供应链
帮助企业建立起企业内部产品生产和流通过程中所涉及的采购部门、生产部门、仓储部门、销售部门等组成的供需网络
外部供应链
帮助企业建立与原材料供应商、生产厂商、储运商、零售商以及最终消费者串联在一起的供需网络

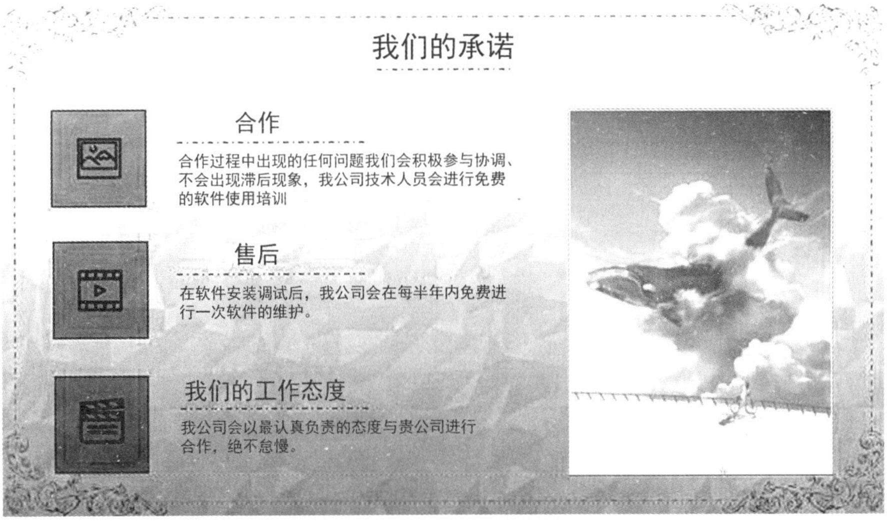

3.3 乙方方案制作与呈现

［任务说明］

解决方案是针对甲方某些已经体现出的或者可以预期的问题、不足、缺陷和需求等，乙方所提出的整体解决问题的方案（建议书、计划），应确保该方案有效的执行。在项目型销售中，解决方案是对前期工作的总结，必须有明确的对象，或者施行的范围和领域。在制作解决方案和呈现的过程中，乙方不仅要清晰把握甲方问题和整体需求，而且要分析关键决策人和部门的需求并给予响应，同时必须考虑我们的目标客户和以往客户之间的差异，真正创造双赢。

［在销售实践中的应用］

在制作解决方案和呈现的过程中，乙方不仅要清晰把握甲方问题和整体需求，而且要分析关键决策人和部门的需求并给予响应，同时必须考虑我们的目标客户和以往客户之间的差异，避免经验主义造成对客户某些需求的忽视，以及需求背后具体的问题和原因，从而避免解决方案无法获得客户认可的后果，因为，即便是同样的需求，不同的客户企业，其需求背后的问题和原因也会有所不同，这样才能把项目前期工作中积累的优势转化为胜势，实现销售目标。

［该任务的教学目标］

乙方方案制作与呈现的学习目标	所含典型任务		课时/分钟
	任务号	典型任务名称	
1. 了解解决方案的内容架构，根据解决方案标准模板和实际客户需求，撰写解决方案。 2. 应用解决方案呈现技巧，呈现解决方案	十五	需求汇总与分析	50
	十六	解决方案撰写	135
	十七	方案呈现准备	60
	十八	解决方案呈现	155

3.3.1 典型任务十五　需求汇总与分析

［典型任务说明］

需求汇总与分析是指在提交解决方案之前，就甲乙双方经过沟通，达成的需要实现的目标和需求的共识进行汇总、分析和确认。

［在销售实践中的应用］

在大项目销售中，为了防止甲乙双方对需求的遗漏和相互理解偏差，在提交解决方案之前，甲乙双方就期望实现的目标和需求的沟通，大多是就各业务部门的目标和需求的交流，最后需要进行全面的汇总、分析和梳理，形成统一的组织目标和需求；并且罗列详细清单，逐一明确具体可量化的目标和需求，对期望实现的目标和需求的重要性进行排序，确保理解一致，并体现在解决方案中。

［典型任务十五需求汇总与分析的学习目标］

学习目标		时间/分钟
应用与客户在前五轮拜访中获得的信息，梳理客户期望实现的整体目标和需求		50
情境编号	乙方	
22－乙	客户目标和需求梳理	

任务情境22 客户目标和需求梳理

一、情境说明

客户需求梳理工作是检验我们前期沟通中对客户业务分析理解的唯一途径，在制作解决方案前，我们需要进行汇总、分析、归纳并提出与之匹配的整体解决方案，此任务情境即为客户需求梳理。

二、学习目标

应用与客户的五轮客户拜访沟通中获得的信息，梳理、汇总客户期望实现的目标和需求。

三、学习过程

序号	学习步骤	时间/分钟
1	阅读情境	5
2	小组讨论	30
3	完成练习“客户目标和需求汇总表”	15
时间合计		50

步骤3：完成“客户目标和需求表”

请组长组织小组成员共同完成并检查“客户目标和需求表”（表3-32），确保每一位成员理解作业并达成共识，如小组成员有异议，可以单独记录在表3-32下方。

表3-32 客户目标和需求表

客户目标和需求表	
目标	企业级目标： 部门级目标：
产品/服务/解决方案	企业级需求： 部门级需求：

表 3 - 32(续)

客户目标和需求表	
需求/技术标准	企业级关注: 部门级关注:
关系及合作需求	企业级关注: 部门级关注:

异议与思考:______________________________

____

老师点评记录:______________________________

____

3.3.2 典型任务十六　解决方案撰写

[典型任务说明]

解决方案撰写是指将和客户共同探讨确认的全部企业问题、目标、需求,与公司产品及服务进行链接,形成整体解决方案。

[在销售实践中的应用]

解决方案一般是指在客户明确采购目标,进行采购立项后,由供应商向客户提供的书面呈现报告。解决方案的设计和制作是一项系统的工作。解决方案的撰写要以客户为中心,紧贴客户企业的战略目标分析和绩效指标落地,需要汇总分析前期多项工作中与客户交流和引导的结果,包括战略目标和绩效指标的理解分析、问题和原因调研、需求确认、产品应用、技术标准、实施规划、风险保障等方面。

切忌将解决方案变成自己公司的产品功能说明书!

[典型任务十六解决方案撰写的学习目标]

学习目标		时间/分钟
了解解决方案制作的标准、内容架构，根据解决方案标准模板和实际客户需求，撰写解决方案		135
情境编号	乙方	
23－乙	解决方案撰写	
知识点	KP36：解决方案销售	

任务情境23　解决方案撰写

一、情境说明

在B2B销售中，甲方企业在后期一般都会要求乙方提供整体解决方案，乙方需要组织内部资源撰写解决方案，撰写解决方案时力求覆盖全面、剖析深入，解决方案分为WORD版的详细描述与用于解决方案呈现汇报的PPT。

二、学习目标

了解解决方案撰写的标准、内容架构，根据解决方案标准模板和实际客户需求，撰写解决方案。

三、学习过程

序号	学习步骤	时间/分钟
1	阅读情境	5
2	小组讨论	15
3	课件学习	10
老师解析知识难点		15
4	撰写“解决方案”	90
时间合计		135

3.3.3　典型任务十七　方案呈现准备

[典型任务说明]

方案呈现准备是指乙方面向甲方企业所做的方案呈现的准备工作，具体内容主要包括：解决方案撰写、解决方案的呈现策略、演讲技巧的应用等内容。

[在销售实践中的应用]

方案呈现是乙方向甲方展示优势与价值的重要手段，同时也是双方项目推进过程中的一个重要里程碑。在实践当中，乙方团队要充分利用前期沟通的成果，多角色参与，力求准确描述客户的需求并详述如何解决,进而向客户传递所得到的价值溢价。而解决方案能否准确、清晰地将上述内容传递给甲方,需要乙方拟订呈现的策略,以期强化优势弱化劣势,并提醒甲方重视其存在的问题,引发客户思考,强化解决方案带给客户的价值,从而赢得客户认可。

同时,甲方对乙方的解决方案呈现会设立评审小组,因此,乙方有必要在解决方案呈现之前,了解甲方参加最终解决方案评审的成员有哪些,在解决方案呈现过程中,针对甲方的评审成员的关注点,有针对性的陈述。

[典型任务十七方案呈现准备的学习目标]

<table>
<tr><th colspan="2">学习目标</th><th>时间/分钟</th></tr>
<tr><td colspan="2">应用解决方案呈现技巧,拟订方案呈现策略</td><td rowspan="3">60</td></tr>
<tr><td>情境编号</td><td>乙方</td></tr>
<tr><td>24 – 乙</td><td>拟订方案呈现策略</td></tr>
<tr><td>知识点</td><td colspan="2">KP37:演讲呈现技巧</td></tr>
</table>

任务情境 24　拟订方案呈现策略

一、情境说明

乙方在方案呈现过程中,需要进行有效的团队分工,明确哪部分内容由谁来主讲,由谁来回答客户提出的问题。在呈现过程中要充分使用演讲呈现技巧来吸引专家评审的注意,从而激发其对解决方案的共鸣与思考。

二、学习目标

应用演讲呈现技巧,制订方案呈现策略。

三、学习过程

<table>
<tr><th>序号</th><th>学习步骤</th><th>时间/分钟</th></tr>
<tr><td>1</td><td>阅读情境</td><td>5</td></tr>
<tr><td>2</td><td>小组讨论</td><td>15</td></tr>
<tr><td>3</td><td>课件学习</td><td>10</td></tr>
<tr><td colspan="2">老师解析知识难点</td><td>10</td></tr>
<tr><td>4</td><td>完成练习“方案呈现策略表”</td><td>20</td></tr>
<tr><td colspan="2">时间合计</td><td>60</td></tr>
</table>

步骤 4:完成练习“方案呈现策略表”

1. 请组长组织小组成员每人静默 3 分钟,总结所学知识点视频内容。

2. 按顺序每人分享对所学知识点视频的理解,并分类汇总,达成共识。

3. 组长组织小组成员分工协作，共同完成并检查“方案呈现策略表”（表3－33），确保每一位成员理解作业并达成共识，如小组成员有异议，可以单独记录在表3－33下方。

表3－33 方案呈现策略表

方案呈现策略表	
甲方可能参加方案评审的人员	
我方参与人员	
甲方关键需求排序	
我方劣势	
甲方可能对我们的质疑	
我方对甲方质疑应对方案	
团队分工和时间安排	
优势呈现方式	
互动技巧	

异议与思考：______________________________

____

老师点评记录：______________________________

____

3.3.4 典型任务十八 解决方案呈现

[典型任务说明]

方案呈现是大项目销售过程中非常重要且必不可少的环节;是对前期考察供应商优、劣势,以及对沟通的目标、需求、解决方案、价值的一次总体评估;是供应商通过讲解、演示、讨论等方式向甲方采购小组展现公司产品、技术和服务等方面的能力和优势的重要途径,并且通过提问回答、交流使甲方进一步清晰了解我们方案的功能和优势。乙方完整地展现自己的呈现目标,通过团队分工和配合控制呈现过程,并解答对方疑义;甲方可以根据供应商的方案呈现,评价供应商的解决方案与采购计划和目标的契合程度,确定最符合企业采购需求和计划的供应商和解决方案。

[在销售实践中的应用]

方案呈现一般是在供应商经过调研、沟通,和甲方确认最终采购计划和采购需求,并由供应商制订出解决方案后,由供应商正式向甲方描述产品和服务的特性、优势和利益,以及销售、实施计划和专业性建议。其结果是使客户逐渐树立并强化对我们提供的产品、解决方案和服务的个人信念,最终转化为对我们产品的最终诉求。

通过方案呈现,我们可以向客户展示我们根据客户需求所确定的初步解决方案,消除客户对我们方案的误解,获得客户,特别是同客户确认需求结构是否存在问题并进行调整,使其采购计划和标准向有利于我们的方向发展。因此,在方案呈现之前,供应商必须充分考虑自己在客户购买项目中的形势、产品与客户需求之间的差异,确定方案呈现的内容和策略,引导客户认可所提供的解决方案。

在实际大项目销售中后期,当参与的供应商还超过3家时,往往甲方企业经常通过方案呈现和评审来筛选进入下一阶段的乙方,再进行进一步考察和评估。

[典型任务十八解决方案呈现的学习目标]

学习目标		时间/分钟
应用方案呈现策略,进行解决方案呈现		155
情境编号	乙方	
25－乙	方案呈现	

任务情境25 方案呈现

一、情境说明

方案呈现过程中,供应商通过幻灯片演示结合讲演的方式展现其解决方案的内容和作用。过程中要做到概念描述准确,方案演示中的逻辑合理并具有说服力。由于时间的限制,呈现需要在较短时间内,通过呈现重点、表达方式以及与客户互动设计,提升方案的准确性、冲击力与客户认可度。

二、学习目标

应用解决方案呈现策略，进行解决方案呈现。

三、学习过程

序号	学习步骤	时间/分钟
1	阅读情境	5
2	小组讨论	15
3	呈现方案	90
4	小组讨论	15
反馈、点评、总结		20
5	完成练习“方案呈现总结表”	10
时间合计		155

步骤3：呈现方案

步骤4：小组讨论

步骤5：完成练习“方案呈现总结表”

请组长组织小组成员共同完成并检查“方案呈现总结表”（表3－34），确保每一位成员理解作业并达成共识，如小组成员有异议，可以单独记录在表3－34下方。

表3－34　方案呈现总结表

方案呈现总结表		
呈现目标		
前期准备总结	评审角色分析	
	评审期望分析	
前期准备总结	评审态度分析	
	优先考虑的观众	
	客户背景和思维分析	
	客户评判标准	
	呈现内容是否全面	
呈现过程总结	仪表、资料及设备准备	
	演讲方式的选择	
	PPT展示效果	

表 3-34(续)

方案呈现总结表		
呈现过程总结	开场与结尾	
	内容展现效果	
	时间控制	
	互动效果	
	声音、肢体语言运用	
答疑环节	回答提问的过程	
	客户提问内在原因分析	
	答疑环节效果分析	

异议与思考:____________________

____

老师点评记录:____________________

____

3.4 乙方招标和投标

[任务说明]

招标和投标也简称招投标,是指甲方企业根据项目目标和采购需求,说明采购的商品名称、规格、数量及其他条件,即制订招标参数和招标书,向社会公开或向参与该项目采购的供应商发送招标通知,邀请乙方在规定的时间、地点按照一定的程序进行应标和投标的过程。也有些企业通过招标代理公司完成以上过程。

[在销售实践中的应用]

招投标已经是目前社会企业完成大项目采购交易的关键环节和惯例,依据企业采购制度和《中华人民共和国招标投标法》,规避采购风险,是体现公平、公正、公开原则的重要手段。

[该任务的学习目标]

乙方招标与投标的学习目标	所含典型任务		课时/分钟
	任务号	典型任务名称	
1. 了解招标与投标的流程和方法,以及招投标文件标准、内容,以及相关招投标的过程管理与控制。 2. 根据招投标文件模板,完成招投标文件,并封装和现场招投标	十九	制订标准参数	80
	二十	发标与应标	90
	二十一	投标与评标	60

3.4.1　典型任务十九　制订标准参数

[典型任务说明]

制订标准参数是指在招投标文件中，甲方制订用以竞争性评估乙方的参数（条款、条件、要求等），乙方在投标文件中匹配以获得竞争优势的参数。

[在销售实践中的应用]

在实际大项目销售中，乙方在销售沟通过程中，正式开始招投标前，获得竞争优势或被甲方有倾向性选择的乙方，会和乙方一起制订招投标的参数，用以屏蔽竞争对手。

[典型任务十九制订标准参数的学习目标]

<table>
<tr><th colspan="2">学习目标</th><th>时间/分钟</th></tr>
<tr><td colspan="2">根据招投标书标准模板里的招投标参数表、实际项目需求和采购标准，制订招投标参数</td><td rowspan="3">80</td></tr>
<tr><td>情境编号</td><td>乙方</td></tr>
<tr><td>26－乙</td><td>制订投标参数</td></tr>
<tr><td>知识点</td><td colspan="2">KP38：招投标流程；KP39：招标文件准备；KP40：投标文件准备</td></tr>
</table>

任务情境26　制订投标参数

一、情境说明

乙方制订招标参数，根据甲方的要求，或用以屏蔽竞争对手，体现自己的优势，通常包含供应商资质、功能或需求标准、技术标准、服务标准、团队资历等。

二、学习目标

根据投标书标准模板里的投标参数表，应用梳理汇总的客户目标和需求表，制订招标参数。

三、学习过程

<table>
<tr><th>序号</th><th>学习步骤</th><th>时间/分钟</th></tr>
<tr><td>1</td><td>阅读情境</td><td>5</td></tr>
<tr><td>2</td><td>小组讨论</td><td>15</td></tr>
<tr><td>3</td><td>课件学习</td><td>20</td></tr>
<tr><td colspan="2">老师解析知识难点</td><td>10</td></tr>
<tr><td>4</td><td>完成练习“投标参数表”</td><td>30</td></tr>
<tr><td colspan="2">时间合计</td><td>80</td></tr>
</table>

步骤4:完成“投标参数表”

1. 请组长组织小组成员每人静默3分钟,总结所学知识点视频内容。

2. 按顺序每人分享对所学知识点视频的理解,并分类汇总,达成共识。

3. 组长组织小组成员分工协作,共同完成并检查《投标书》里的“投标参数表”,确保每一位成员理解作业并达成共识,如小组成员有异议,可以单独记录在下面。

讨论笔记:______________________________

____

____

3.4.2 典型任务二十 发标与应标

[典型任务说明]

发标与应标是在甲方撰写好招标书后,根据招标方式的不同,通过相应渠道发布招标通知,乙方根据招标内容,分析判断是否应标的过程。

[在销售实践中的应用]

在大项目销售中,通常甲方在有了前期的项目立项,和相关候选供应商进行了需求、采购标准的沟通,甲方有了相应的倾向性选择后才会进行发标。因此乙方在收到招标通知时,需要认真分析是否去投标。若不去投标,也需要对甲方进行礼貌的公函回复,表示感谢和歉意。

[典型任务二十发标与应标的学习目标]

<table>
<tr><th colspan="2">学习目标</th><th>时间/分钟</th></tr>
<tr><td colspan="2">根据招投标书标准模板,制作招标书和投标书,并应用招标过程管理和投标过程控制,进行发标和应标</td><td rowspan="3">90</td></tr>
<tr><td>情境编号</td><td>乙方</td></tr>
<tr><td>27 – 乙</td><td>应标</td></tr>
<tr><td>知识点</td><td colspan="2">KP41:招标过程管理;KP42:投标过程控制;KP43:报价策略</td></tr>
</table>

任务情境27 应标

一、情境说明

应标是乙方在收到甲方的招标通知后,分析判断并回应甲方是否投标,购买标书的过程。

二、学习目标

应用投标过程控制,分析客户招标书是否对自己有利,判断是否应标,并完成应标。

三、学习过程

序号	学习步骤	时间/分钟
1	阅读情境	5
2	小组讨论	15
3	课件学习	20
老师解析知识难点		10
4	在线接收《招标书》,制作《投标书》	40
时间合计		90

3.4.3 典型任务二十一　投标与评标

[典型任务说明]

投标与评标是乙方根据甲方招标书的要求,撰写投标书,准备相关投标资料和文件并封装投标文件包,然后递交给甲方,甲方对乙方的投标文件包按照招标要求,进行检核,公开拆包、评审标书的过程。

[在销售实践中的应用]

在实际大项目采购的招投标中,若甲乙双方中任何一方,由于没有严格按照招投标要求操作,会导致甲方废标进而需要重新招标;或者某失误的乙方使自己失去投标资格。

[典型任务二十一投标与评标的学习目标]

学习目标		时间/分钟
根据投标书标准模板,制作投标书,并完成现场投标和评标		60
情境编号	乙方	
28－乙	投标	

任务情境28　投标

一、情境说明

投标是乙方按照甲方招标书中对投标参数和投标文件组成的要求,进行标书撰写和投标文件包封装,投递给乙方的过程。

二、学习目标

根据投标书标准模板,制作和封装投标文件包,进行现场投标。

三、学习过程

序号	学习步骤	时间/分钟
1	阅读情境	5
2	封装标书	15
3	现场投标、答疑	20
小组讨论、反馈、点评、总结		20
时间合计		60

3.5　乙方商务谈判与成交

[任务说明]

商务谈判与成交就是甲乙双方互相妥协的过程,双方在此过程中就各自的利益进行平衡。供应商完成解决方案呈现后,客户已经在明确了自己的采购目标的同时,对各个供应商、产品和方案、后期实施能力有了深入了解,此时采购项目会进入到商务谈判阶段。产品和解决方案满足客户要求的供应商会被邀请就交易的各种细节进行沟通和协商。

[在销售实践中的应用]

商务谈判主要涉及三大部分内容:技术部分、商务部分和法律部分。技术部分包括解决方案及其功能、交付和培训,以及如何验收;商务部分包括解决方案的使用范围、价格和支付方式、索赔和罚款等;法律部分包括侵权和保密、不可抗因素、仲裁和合同生效方式等。

商务谈判在复杂销售中占有举足轻重的地位,特别是在产品和服务同质化较为严重的情况下,各厂商技术部分相差不大,商务谈判的结果几乎能够直接决定采购方的最终选择结果。在正式的商务谈判中,谈判双方会针对软件进行整个过程中所有细节的协商和确认。

商务谈判涉及的因素很多,谈判者的需求和利益表现在众多方面,但经济利益几乎是所有商务谈判的核心内容。谈判双方在其他利益上的得与失,在很多情况下或多或少都可以折算为一定的价格,并通过价格升降而得到体现。在商务谈判中,我们一方面要以价格为中心,坚持自己的利益;另一方面又不能仅仅局限于价格,应该拓宽思路,设法从其他利益因素上争取应得的利益,使对方在不知不觉中让步。

［该任务的学习目标］

乙方商务谈判与成交的学习目标	所含典型任务		课时/分钟
	任务号	典型任务名称	
应用商务谈判策略，进行商务谈判，根据合同标准模板，制订合同和签约，完成交易	二十二	谈判准备	150
	二十三	商务谈判	150
	二十四	完成交易	105

3.5.1 典型任务二十二 谈判准备

［典型任务说明］

商务谈判的准备阶段，是指在谈判开始之前，谈判者围绕谈判的议题进行准备工作的阶段。虽然雄辩的口才和随机应变能力以及突发的偶然事件可能改变谈判的结果，但是谈判成功的主要因素还是谈判之前制订好完整的谈判方案，周详地进行谈判前准备。

［在销售实践中的应用］

商务谈判中，谈判者以获取经济利益为基本目的，在满足经济利益的前提下才涉及其他非经济利益。谈判双方为了维护自身的利益，必然会由产品和解决方案的价格等因素引发双方的对立，甚至造成谈判冲突或僵局。因此，进行商务谈判，前期准备工作非常重要。只有事先做好充分准备，谈判者才会充满自信，从容应对谈判中出现的突发事件、矛盾冲突，才能取得事半功倍的谈判结果。商务谈判中要达到预期的目标，就要做好周密的准备工作，使各种矛盾与冲突大多化解在有准备之中，进而获得"双赢"的结局。

［典型任务二十二谈判准备的学习目标］

学习目标		时间/分钟
制订并应用商务谈判准备表，拟订谈判策略		150
情境编号	乙方	课时/分钟
29－乙	销售谈判准备	70
30－乙	拟订销售谈判策略	80
知识点	KP44：谈判准备；KP45：价格谈判；KP46：成交技巧	

任务情境29 销售谈判准备

一、情境说明

在商务谈判开始之前，乙方需要汇总项目相关信息，对自己、甲方和其他供应商在本次采购项目中的形势进行分析，整理出在谈判中可能出现的种种局面，作为制订谈判目标和谈判方案的依据。此情境任务即为乙方做销售谈判准备。

二、学习目标

识别谈判僵局、谈判陷进、谈判冲突，制订谈判准备表。

三、学习过程

序号	学习步骤	时间/分钟
1	阅读情境	5
2	小组讨论	15
3	课件学习	10
老师解析知识难点		10
4	完成练习“销售谈判准备表”	30
时间合计		70

步骤4：完成“销售谈判准备表”

1. 请组长组织小组成员每人静默3分钟，总结所学知识点视频内容。

2. 按顺序每人分享对所学知识点视频的理解，并分类汇总，达成共识。

3. 组长组织小组成员分工协作，共同完成并检查“销售谈判准备表”（表3－35），确保每一位成员理解作业并达成共识，如小组成员有异议，可以单独记录在表3－35下方。

表3－35　销售谈判准备表

销售谈判准备表		
形势分析	谈判对象	
	对方期望	
	对方优势	
	对方劣势	
	参与人员分析	
	我方期望	

表 3-35(续)

销售谈判准备表		
谈判准备	谈判心理	
	谈判底线	
	GIVE	
	GET	
谈判陷阱	可能的陷阱	
	如何应对	

异议与思考:____________________

____

老师点评记录:____________________

____

任务情境30 拟订销售谈判策略

一、情境说明

在商务谈判开始之前,乙方需要根据方案呈现和项目之前各阶段所获取到的信息,分析在甲方采购项目中所处形势,并据此确定谈判目标。同时,乙方还需要分析自身目标和甲方期望之间的差距,制订相应的谈判策略,确保能够形成最终交易。此情境任务即为乙方拟订销售谈判策略。

二、学习目标

应用价格谈判策略和成交技巧,拟定销售谈判策略。

三、学习过程

序号	学习步骤	时间/分钟
1	阅读情境	5
2	小组讨论	15
3	课件学习	20
老师解析知识难点		10
4	完成练习“拟定销售谈判策略表”	30
时间合计		80

步骤4:完成“销售谈判策略表”

1. 请组长组织小组成员每人静默3分钟,总结所学知识点视频内容。

2. 按顺序每人分享对所学知识点视频的理解,并分类汇总,达成共识。

3. 组长组织小组成员分工协作,共同完成并检查“销售谈判策略表”(表3-36),确保每一位成员理解作业并达成共识,如果小组成员有异议,可以单独记录在表3-36下方。

表3-36 销售谈判策略表

<table>
<tr><td colspan="3">销售谈判策略表</td></tr>
<tr><td colspan="2">谈判形势</td><td></td></tr>
<tr><td rowspan="7">谈判策略</td><td>开局策略</td><td></td></tr>
<tr><td>价格策略</td><td></td></tr>
<tr><td>让步策略</td><td></td></tr>
<tr><td>成交策略</td><td></td></tr>
<tr><td>可能的谈判僵局</td><td></td></tr>
<tr><td>如何解决所遇僵局</td><td></td></tr>
<tr><td>如何避免谈判冲突</td><td></td></tr>
</table>

异议与思考:________________________________

____

老师点评记录:________________________________

____

3.5.2 典型任务二十三 商务谈判

[典型任务说明]

商务谈判,不是利用虚假、欺诈和胁迫手段获得暂时的利益,而是根据现代化谈判理论和原则进行探讨。为实现谈判目标,在谈判过程中熟练运用谈判知识、策略和技能。商务谈判是综合运用知识和经验的艺术。在商务谈判过程中,谈判者需要根据之前制订的谈判方案和谈判时的实际局面,灵活运用谈判技巧来贯彻执行预定方案,实现谈判目标。

[在销售实践中的应用]

谈判的步骤应该为申明价值、创造价值和克服障碍三个进程。申明价值为谈判的初级阶段,谈判双方彼此应充分沟通各自的利益需要及对方的真正需求,申明能够满足对方需要的方法与优势所在。创造价值为谈判的中级阶段,双方申明了各自的利益所在之后,暂时无法实现双方的利益最大化,所提出的方案也可能不是最佳方案。因此,谈判双方需要共同寻求更佳解决方案,为谈判双方找到获得最大利益的方法,这一步骤就是创造价值。克服障碍是谈判的攻坚阶段。谈判的障碍一般来自两个方面:一个是谈判双方彼此利益存在冲突;另一个是谈判者自身在决策程序上存在障碍。如果能够实现障碍的克服,双方达成一致,那么此次谈判能够产生一个良好的结果。

[典型任务二十三商务谈判的学习目标]

<table>
<tr><th colspan="2">学习目标</th><th>时间/分钟</th></tr>
<tr><td colspan="2">应用谈判策略,进行商务谈判</td><td rowspan="3">150</td></tr>
<tr><td>情境编号</td><td>乙方</td></tr>
<tr><td>31 - 乙</td><td>销售商务谈判</td></tr>
</table>

任务情境31 销售商务谈判

一、情境说明

各供应商按照甲方的安排,依次进行商务谈判。供应商在商务谈判中,应该在开始阶段了解甲方的真正目的,寻找出满足双方利益要求的方案,运用谈判技巧和策略克服成交障碍,尽力达成交易。此情境任务即为乙方进行销售商务谈判。

二、学习目标

应用销售商务谈判策略,进行商务谈判。

三、学习过程

<table>
<tr><th>序号</th><th>学习步骤</th><th>时间/分钟</th></tr>
<tr><td>1</td><td>阅读情境</td><td>5</td></tr>
<tr><td>2</td><td>小组讨论</td><td>15</td></tr>
<tr><td>3</td><td>现场谈判</td><td>100</td></tr>
<tr><td>4</td><td>小组讨论</td><td>5</td></tr>
<tr><td colspan="2">反馈、点评、总结</td><td>15</td></tr>
<tr><td>5</td><td>在线提交“销售谈判反馈表”</td><td>10</td></tr>
<tr><td colspan="2">时间合计</td><td>150</td></tr>
</table>

步骤5:在线提交“销售谈判反馈表”

请组长组织小组成员共同完成并检查“销售谈判反馈表”(表3-37),指定小组成员录入系统,确保每一位成员理解作业并达成共识,如小组成员有异议,可以单独记录在表3-37下方。

表 3－37　销售谈判反馈表

<table>
<tr><td colspan="7">销售谈判反馈表</td></tr>
<tr><td colspan="3">甲方参与人员</td><td colspan="4"></td></tr>
<tr><td>谈判分类</td><td>项目</td><td>反馈内容</td><td>序号</td><td>分值</td><td>得分</td><td>关键记录与反馈</td></tr>
<tr><td rowspan="2">过程展现</td><td rowspan="2">谈判过程的展现</td><td>清晰把握我方的需求、态度</td><td>1</td><td>10</td><td></td><td></td></tr>
<tr><td>准确呈现自己的目标</td><td>2</td><td>10</td><td></td><td></td></tr>
<tr><td rowspan="2">过程展现</td><td rowspan="2">谈判过程的展现</td><td>充分准备多套谈判方案</td><td>3</td><td>10</td><td></td><td></td></tr>
<tr><td>是否迅速达成共识</td><td>4</td><td>10</td><td></td><td></td></tr>
<tr><td rowspan="8">技巧与策略的运用</td><td rowspan="5">谈判技巧的运用</td><td>建立良好谈判气氛</td><td>5</td><td>5</td><td></td><td></td></tr>
<tr><td>谈判态度的表现</td><td>6</td><td>5</td><td></td><td></td></tr>
<tr><td>把握自己的谈判底线</td><td>7</td><td>5</td><td></td><td></td></tr>
<tr><td>解决谈判中双方矛盾</td><td>8</td><td>5</td><td></td><td></td></tr>
<tr><td>团队配合默契</td><td>9</td><td>10</td><td></td><td></td></tr>
<tr><td rowspan="3">策略运用</td><td>价格策略的采用和效果</td><td>10</td><td>10</td><td></td><td></td></tr>
<tr><td>让步策略的采用和效果</td><td>11</td><td>10</td><td></td><td></td></tr>
<tr><td>成交策略的采用和效果</td><td>12</td><td>10</td><td></td><td></td></tr>
<tr><td colspan="4">分值合计</td><td>100</td><td></td><td></td></tr>
</table>

异议与思考：____

____

老师点评记录：____

____

3.5.3　典型任务二十四　完成交易

［典型任务说明］

甲方根据采购项目中各部门及供应商的支持和配合，确定了最终成交供应商。甲方召集供应商，发布成交结果，与成交供应商签订正式采购合同，完成本次采购项目。

［在销售实践中的应用］

甲方正式公布采购结果，标志采购过程的结束，项目进入到实施阶段。公布结果之后，甲方与中标供应商根据之前达成一致的交易内容、条款和交易方式签订最终采购合同。项目完成采购阶段工作，正式进入到实施交付阶段，这也标志着乙方的销售项目结束。

［典型任务二十四完成交易的学习目标］

学习目标		时间/分钟
1. 根据中标供应商评选结果，召开中标结果发布会，制订合同，完成合同签约。 2. 了解销售总结、客户服务与价值兑现的标准和方法		105
情境编号	乙方	
32－乙	完成交易	
知识点	KP47：销售总结；KP48：客户服务与价值兑现	

任务情境32　完成交易

一、情境说明

在商务谈判结束之后，甲方会召开中标发布会，确定最终成交供应商和解决方案。乙方参加中标发布会，最终成交的供应商与甲方签订销售合同，完成交易。此情境任务即为中标乙方完成交易。

二、学习目标

1. 参加中标发布会，完成交易。
2. 了解销售总结、客户服务与价值兑现的标准和方法。

三、学习过程

序号	学习步骤	时间/分钟
1	阅读情境	5
2	等待甲方确定中标供应商	20
老师解读合同签约注意事项		10
3	准备签约合同，在线收取“中标发布会通知”	15
4	参加“中标结果发布会”，完成合同签订	15
5	小组讨论	10
6	课件学习	20
老师解析知识难点		10
时间合计		105

3.6 乙方实训总结

[实训总结过程]

序号	学习步骤	时间/分钟
1	小组讨论	10
2	小组分享、跨组反馈	15
老师点评、总结		15
时间合计		40

步骤1:小组讨论

请组长组织小组成员讨论,在本次实训过程中:你认为你们小组哪些方面做得比较好?哪些方面本来可以做得更好?本次实训你感受最深和收获最大的是什么?后续将有哪些规划和行动计划?

讨论笔记:____________________

____

____

步骤2:小组分享、跨组反馈(2 ~3 分钟/组)

请向大家分享你们小组的实训总结与你的个人感悟与行动计划。同时,请将你对其他小组的分享感受记录在下面,给予该组反馈。

反馈记录:____________________

____

点评、总结记录:____________________

____

____

参考文献

[1] 史蒂芬 E,桑切兹,图勒加. 新概念营销[M]. 2 版. 官阳,译. 北京:中央编译出版社,2006.

[2] 黑曼. 新战略营销[M]. 董兆一,王剑波,译. 北京:中央编译出版社,2003.

[3] 雷克汉姆,德文森蒂斯. 销售的革命[M]. 陈叙,译. 北京:中国人民大学出版社,2013.

[4] 雷克汉姆. 销售巨人 1[M]. 石晓军,译. 北京:企业管理出版社,2001.

[5] 佩吉. 竞争性销售:简化企业销售的六大关键[M]. 何涌,译. 北京:中国财政经济出版社,2004.

[6] 博斯沃斯,霍兰德,维斯卡蒂斯. 攻心式销售[M]. 张无尘,译. 北京:中华工商联合出版社有限责任公司,2010.

[7] 伊迪斯. 再造销售奇迹[M]. 刘复苓,译. 北京:中国财政经济出版社,2005.

[8] 克拉林格,兰巴赫,蒂特尔,等. 双赢销售[M]. 刘万鹏,译. 北京:东方出版社,2010.

[9] 佩吉. 打造卓越销售团队:世界上最伟大的销售团队如何做事[M]. 方琳,宋大海,译. 北京:人民邮电出版社,2007.

[10] 夏凯. 独孤求 Buy:顶尖销售的成长与战斗笔记[M]. 北京:北京大学出版社,2012.

[11] 夏凯,田俊国. 赢单九问 - 分享千万大单成交心得[M]. 厦门:鹭江出版社,2010.

[12] 夏凯. 信任五环:超级销售拜访技巧[M]. 北京:机械工业出版社,2011.

[13] 奥斯特瓦德,皮尼厄. 商业模式新生代[M]. 王帅,毛心宇,严威,译. 北京:机械工业出版社,2011.

[14] 迪尔茨. 语言的魔力[M]. 谭洪岗,译. 北京:世界图书出版公司,2008.

[15] 卢姆. 没什么谈不了[M]. 姜丽丽,许捷,陈福勇,译. 北京:世界图书出版公司,2012.

[16] 孙小小. PPT 演示之道:写给非设计人员的幻灯片指南[M]. 北京:电子工业出版社,2016.